LA GÉOGRAPHIE A L'ÉCOLE PRIMAIRE

1. * (1) **La Terre.** — Nous vivons sur la **Terre**. La terre est ronde comme une boule, et, de même que la lune, elle roule dans l'espace sans que rien la soutienne.

2. Tour de la terre ou **tour du monde.** — La terre mesure dix mille lieues de tour ou quarante mille kilomètres.

3. * **Le jour et la nuit.** — La terre tourne sur elle-même. Quand la face **A** regarde le soleil, il fait jour de ce côté, tandis

Le jour et la nuit.

que la nuit s'étend sur la partie **B**. Lorsque la face **B** est tournée vers le soleil, il fait jour de ce côté, et la face **A** se trouve dans l'obscurité.

En même temps qu'elle tourne sur elle-même, dans l'espace de 24 heures, la terre fait une révolution autour du soleil en une année ou 365 jours un quart.

4. Globe. — Un Globe est une boule ou sphère qui représente la terre en petit.

5. * **Horizon, points cardinaux et points collatéraux.** — On appelle **horizon** la ligne circulaire où le ciel et la terre paraissent se rejoindre aussi loin que notre vue peut s'étendre.

Les **points cardinaux** sont l'*est*, l'*ouest*, le *nord* et le *sud*.

L'**est**, **levant** ou **orient** est du côté où le soleil semble se lever.

L'**ouest**, **occident** ou **couchant** est du côté où le soleil semble se coucher.

Le **nord** est le point qu'on a devant soi lorsqu'on a l'est à sa droite et l'ouest à sa gauche.

Le **sud** ou **midi** est le point directement opposé au nord.

Les **points collatéraux** sont : le *nord-est*, entre le nord et l'est; le *sud-est*, entre le sud et l'est; le *sud-ouest*, entre le sud et l'ouest; le *nord-ouest*, entre le nord et l'ouest.

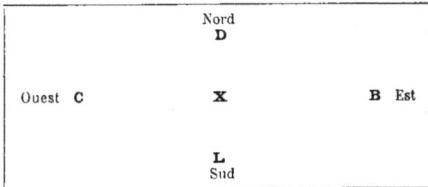

Orientation.

La plaine.

6. * Nous sommes en ce moment à **X** (1); le village de **B** (2) se trouve du côté du soleil levant, et, par conséquent à l'est de **X** (1). — **C** (2) est situé au contraire du côté du soleil couchant; on dit que **C** (2) est à l'ouest de **X** (1). — Nous dirons de même que **D** (2) est au nord et **L** (2) au sud de **X** (1).

7. * **Carte.** — Une carte de géographie est un dessin qui représente la terre en entier ou partiellement. Sur

---

1. Les numéros marqués d'un astérisque conviennent spécialement au cours élémentaire; le texte en caractères plus petits que l'impression ordinaire se rapporte au programme du cours supérieur; le reste concerne le cours moyen.

1. Inscrire ici, au crayon, le nom de la commune habitée par l'élève.
2. Inscrire ici le nom d'une commune environnante.

les cartes, le nord se trouve en haut, le sud en bas, l'est à droite et l'ouest à gauche.

Orientation.

8. Mappe-monde. — On appelle **mappe-monde** la carte qui représente toute la surface de la terre. Cette carte se compose de deux cercles qui représentent les deux faces de la terre. (*Voir page 7.*)

II

TERMES GÉOGRAPHIQUES

9. * Mer, océan. — Les trois quarts de la terre sont couverts d'une immense étendue d'eau appelée **mer** ou **océan**. Ex. : l'océan *Atlantique*, la mer *Méditerranée*.

L'autre quart comprend les continents, la terre ferme.

10. * Continents. — Les **continents** sont de vastes étendues de terre ferme. Ex. : *l'ancien continent*, celui que nous habitons.

11. * Plaine. — Une **plaine** est une vaste étendue de terrain à peu près uni. Ex. : la plaine de *Champagne*.

12. * Montagne. — Une **montagne** est une masse de terre plus élevée que la contrée environnante. Ex. : le Mont *Blanc*.

13. Sommet. — Suivant la forme affectée par le **sommet**, la cime ou le faîte de la montagne, cette partie, la plus élevée, prend le nom de *pic, puy, dôme, ballon, tour*.

14. * Versant, flanc. — Les terrains en pente situés entre la cime de la montagne et le pied, s'appellent **flancs** ou **versants**.

15. Altitude. — On appelle **altitude** l'élévation d'un lieu au-dessus du niveau de la mer.

Montagne et vallée. (*La Moselle, près de Liverdun.*)

16. * Colline, coteau. — Une montagne peu élevée s'appelle **colline**; une petite colline est un **coteau**. Ex. : les collines de *Normandie*, le coteau de   (1).

17. * Massif, chaîne de montagnes. — Un ensemble

1. Inscrire le nom d'un coteau de la commune habitée par l'élève.

de montagnes s'appelle **massif**. Exemple : le *Massif central*.

Une **chaîne de montagnes** ou de collines est une longue suite

Plateau.

de montagnes ou de collines. Ex. : la chaîne des *Alpes*, les collines de *Bretagne*.

18. Point culminant. — On appelle **point culminant** d'une chaîne ou d'un massif le sommet de la montagne la plus élevée de cette chaîne ou de ce massif. Ex. : le sommet du *Mont Blanc* est le point culminant des *Alpes*.

19. * Vallée, vallon. — Une **vallée** est le terrain situé entre deux chaînes de montagnes ou de collines. Ex. : la vallée de la *Loire*.

Un **vallon** est une vallée très étroite entre deux collines. Ex. : le vallon de   (1).

20. Col, gorge, défilé. — On appelle **col, gorge, défilé** un passage plus ou moins étroit entre deux montagnes. Ex. : le col de *Naurouse*, où passe le canal du Midi.

21. * Plateau. — Un **plateau** est une plaine élevée au-dessus du sol de la contrée environnante. Ex. : le plateau de *Langres*.

22. Volcan. — Un **volcan** est une montagne qui, par une ouverture appelée cratère, vomit de la fumée, des flammes, de la cendre et de la lave. Ex. : l'*Etna*, en Sicile. Il n'y a plus de volcans en France.

23. Désert. — Un **désert** est un pays que sa stérilité rend inhabitable. Ex. : le désert du *Sahara*, en Afrique. Il n'y a point de déserts en France.

24. * Ile. — Une **île** est une terre entourée d'eau de toutes parts. Ex. : la *Corse*. — Un **îlot** est une petite île.

25. Archipel. — Un **archipel** est un groupe d'îles ou d'îlots.

Volcan. (*L'Etna.*)

26. * Presqu'île. — Une **presqu'île** ou **péninsule** est une terre entourée d'eau de tous les côtés moins un qui tient à la terre ferme. Ex. : la presqu'île du *Cotentin*.

27. * Rivage, côte ou **littoral.** — Les terres bordées par

1. Inscrire le nom d'un vallon de la commune habitée par l'élève.

la mer s'appellent **rivages, côtes** ou **littoral**. Ex. : les côtes de *Bretagne*, le littoral de la mer *Méditerranée*.

Iles. (*Château d'If.*)

28. Grève, plage, falaise, dune. — Le rivage s'appelle **grève** quand il est plat, couvert de sable ou de petits cailloux; lorsqu'il est en pente douce, on le désigne sous le nom de **plage**; quelquefois il est formé par des rochers escarpés, des **falaises** (*voir page 9*), ou des collines de sables qu'on nomme **dunes**.

29. Isthme. — Un **isthme** est une bande de terre resserrée entre deux mers et réunissant deux terres. Ex. : l'isthme de *Panama*, entre les deux Amériques.

30. * Cap ou **promontoire.** — Un cap ou promontoire est une terre qui s'avance en pointe dans la mer. Ex.: le cap *Gris-Nez*.

31. * Golfe, baie, anse, havre. — Un **golfe** est une partie de mer qui s'avance dans la terre. Ex. : le golfe de *Gascogne*.

Port. (*Marseille :* le Vieux-Port.)

Golfe et cap. (*Vue de Nice.*)

Un petit golfe s'appelle **baie, anse** ou **havre**. Ex. : la baie du mont *Saint-Michel*.

32. * Port, rade. — On appelle **rade** ou **port** un petit golfe qui, grâce aux travaux des hommes, peut recevoir et abriter les vaisseaux. Ex. : le port de *Marseille*.

33. Récifs, brisants, écueils, bancs de sable. — On appelle récifs, brisants, écueils des rochers situés à fleur d'eau

Presqu'île. (*Granville.*)

dans la mer; ils gênent beaucoup la navigation. Les **bancs de sable**, vastes amas de sable, sont également dangereux pour les navires qui s'y engagent.

34. * Détroit. — Un **détroit** est un bras de mer resserré entre deux terres. Ex. : le détroit de *Gibraltar*.

35. Canal, pas. — Un **canal** est un large détroit. Ex. : le canal d'*Otrante*. Quelquefois un détroit ou un col prennent le nom de **pas** : le *Pas-de-Calais;* le *Pas-de-Suze*, dans les Alpes.

36. * Lac, étang, mare. — Un **lac** est une grande étendue d'eau entourée de terre de toutes parts. Ex. : le lac de *Genève*. Un petit lac s'appelle **étang** ou **mare**. Ex. : l'étang de   (1), la mare de   (1).

37. Déversoir. — On appelle **déversoir** le cours d'eau par où s'échappe le trop-plein des eaux des lacs et des étangs.

Détroit.

38. * Marais. — On donne le nom de **marais** à des terrains couverts en partie d'eau dormante. Ex. : les marais de la *Sologne*.

39. * Fleuve. — Un **fleuve** est un cours d'eau qui se jette directement dans la mer. Ex. : la *Seine*, qui se jette dans la Manche.

1. Inscrire ici le nom d'une mare ou d'un étang connu des enfants.

40. * Rivière. — Une **rivière** est un cours d'eau qui se jette dans un fleuve ou dans une autre rivière. Ex. : la *Marne*, qui se jette dans la Seine.

41. * Ruisseau. — Un **ruisseau** est un petit cours d'eau qui verse ses eaux dans une rivière. Le   (1) est un ruisseau.

42. * Source. — On appelle **source** l'eau qui sort de terre et qui est le commencement d'un ruisseau, d'une rivière ou d'un fleuve. Ex. : La *Garonne* a sa source au pied du mont *Maladetta*, dans la chaîne des Pyrénées.

43. Glaciers, neiges. — Les sources ne sont pas seules à donner naissance aux cours d'eau : les glaces et les neiges qu'on trouve, même en été, sur les hautes montagnes, peuvent jouer le même rôle ; elles prennent le nom de **glaciers**, de **neiges éternelles** ou **perpétuelles**.

44. * Embouchure. — On appelle **embouchure** l'endroit où un fleuve se jette dans la mer : l'*Adour* a son embouchure non loin de *Bayonne*.

45. Estuaire, bouches. — Une large embouchure s'appelle **estuaire** : l'estuaire de la *Seine*. Quand l'embouchure d'un fleuve présente plusieurs branches, comme le *Rhône*, par exemple, ces dernières s'appellent **bouches**.

Lac.

46. * Affluent. — On appelle **affluent** d'un cours d'eau un ruisseau ou une rivière qui se jette dans ce cours d'eau. Ex. : La *Marne* est un affluent de la *Seine*.

47. * Confluent. — On appelle **confluent** l'endroit où deux cours d'eau se réunissent pour couler dans un même lit. Le confluent de la *Saône* et du *Rhône* est à *Lyon.*

48. En amont, en aval. — **En amont** signifie en remontant vers la montagne d'où jaillit le cours d'eau. **En aval** signifie en dévalant, en descendant. Les villes qu'on rencontre sur la *Loire*, à partir d'*Orléans*, en remontant la *Loire*, sont en amont d'Orléans : *Nevers* est en amont d'Orléans. Celles qu'on rencontre en descendant la *Loire*, à partir d'*Orléans*, sont en aval : *Tours* est en aval d'Orléans.

49. * Rive droite, rive gauche. — Lorsqu'on descend en bateau le cours d'un fleuve, la rive que l'on a du côté droit est la **rive droite**, celle que l'on a du côté gauche est la **rive gauche**. La *Seine* reçoit l'*Aube* sur sa rive droite et l'*Yonne* sur sa rive gauche.

III

NOTIONS GÉNÉRALES SUR LA GÉOGRAPHIE

La commune, le département, la France, l'Europe, le monde.

50. * Commune. — La maison qui nous abrite, les maisons des autres habitants de la localité et les terres environnantes forment ensemble la commune de   (2).

1. Écrire ici le nom d'un ruisseau de la commune habitée par l'élève.
2. L'élève inscrira ici, au crayon, le nom de la commune qu'il habite.

Une **commune** est donc une certaine étendue de territoire dont les habitants sont unis par des relations de voisinage et des intérêts communs. Ces intérêts sont gérés par une administration composée du *maire* et des *conseillers municipaux*.

51. * Ville, village, bourg, hameau. — La commune peut être une **ville**, c'est-à-dire la réunion des habitations de plusieurs milliers de personnes ; un **village**, ou la réunion des maisons de plusieurs centaines de personnes ; un **bourg**, c'est-à-dire un gros village. La commune peut également comprendre plusieurs **hameaux** ou groupes d'un nombre restreint d'habitations, ou enfin plusieurs villages ou hameaux à la fois. Ex. : Notre commune comprend   (1).

52. * Département. — Notre commune avec d'autres plus ou moins importantes, forme le département de   (2).

Un **département** est une grande étendue du territoire français, formée en général de plusieurs centaines de communes et dont les habitants sont unis par des relations de toute sorte et des intérêts communs. Ces intérêts sont gérés par une administration à la tête de laquelle se trouve le *préfet*.

53. * Arrondissement. — Chaque département est divisé en un certain nombre d'**arrondissements** ((3) dans notre

Glaciers. (Chamouny.)

département). A la tête de chaque arrondissement, sauf celui du chef-lieu de préfecture, se trouve un *sous-préfet*, qui est l'auxiliaire du préfet et en même temps l'intermédiaire entre ce dernier et les maires des communes. Notre commune fait partie de l'arrondissement de   (4).

54. * Canton. — Chaque arrondissement administratif comprend plusieurs **cantons** (il y en a   (5) dans celui que nous habitons). Notre département comprend   (6) cantons et   (7) communes.

La commune que nous habitons appartient au canton de   (8).

55. * La France comprend, outre notre département, 85 autres départements et le territoire de *Belfort*. Elle est notre patrie, c'est-à-dire la terre où nous sommes nés, la terre que nos pères ont habitée avant nous, qu'ils ont défrichée et arrosée de leurs sueurs, qu'ils ont défendue, comme nous sommes prêts à la défendre nous-mêmes, contre l'invasion étrangère.

Les **Français** sont unis par des relations de toute nature : une même langue, des mœurs, des sentiments et des intérêts communs. Ces intérêts sont ceux de l'*Etat français*. L'Etat français est gouverné par le *Président de la République* et ses *ministres*, conformément aux lois votées par les *Chambres*.

1. L'élève inscrira ici le nom de la ville, ou du village, ou des hameaux dont se compose la commune qu'il habite.
2. Nom du département habité par l'élève.
3. Nombre d'arrondissements du département habité par l'élève.
4. Nom de l'arrondissement habité par l'élève.
5. Nombre des cantons de l'arrondissement habité par l'élève.
6. Nombre des cantons du département.
7. Nombre des communes du département.
8. Nom du canton habité par l'élève.

La ville ou siège le gouvernement, c'est-à-dire la *capitale* de la France, est Paris.

56 * Europe. — La France est une des *contrées de l'Europe.* L'**Europe** est une des parties de l'ancien continent.

Les contrées de l'Europe sont : 1° au nord : le riche royaume de *Grande-Bretagne et d'Irlande,* capitale **Londres**; le petit royaume de *Danemarck,* capitale **Copenhague**; les royaumes de *Suède,* capitale **Stockholm,** et de *Norwège,* capitale **Christiania,** gouvernés par le même souverain; 2° à l'est, l'immense empire de *Russie,* capitale **Saint-Pétersbourg**; 3° au centre, le puissant empire d'*Allemagne,* capitale **Berlin**; le vaste empire d'*Autriche-Hongrie,* capitale **Vienne**; la petite république fédérale *Suisse,* capitale **Berne**; la *République Française,* capitale **Paris**; le petit royaume si peuplé de *Belgique,* capitale **Bruxelles,** et celui de *Hollande,* capitale **la Haye**; 4° au sud, le royaume de *Portugal,* capitale **Lisbonne**; le royaume d'*Espagne,* capitale **Madrid**; celui d'*Italie,* capitale **Rome**; les nouveaux royaumes de *Serbie,* capitale **Belgrade,** de *Roumanie,* capitale **Bukarest**; les principautés de *Monténégro,* capitale **Cettigne** et de *Bulgarie,* capitale **Sophia**; l'empire autrefois redoutable de la *Turquie,* capitale **Constantinople,** et enfin le petit royaume de *Grèce,* capitale **Athènes.**

57. * Les continents et les parties du monde. — L'Europe, l'Asie, l'Afrique, l'Amérique et l'Océanie, sont les *cinq parties du monde.* L'**Europe** l'**Asie** et l'**Afrique** forment l'*ancien continent.* Le *nouveau continent* comprend l'**Amérique.** L'**Océanie** est formée d'un grand nombre d'îles.

58. * Les Océans. — Le reste de la terre, en dehors des cinq parties du monde, est recouvert par *cinq grands océans* : l'océan glacial du **Nord,** l'océan glacial du **Sud,** l'océan **Atlantique,** l'océan **Pacifique** et l'océan **Indien.**

DEVOIRS ORAUX ET DEVOIRS ÉCRITS
COURS ÉLÉMENTAIRE

DEVOIR 1. — 1. Nommez des objets auxquels la terre ressemble. — 2. Pour-

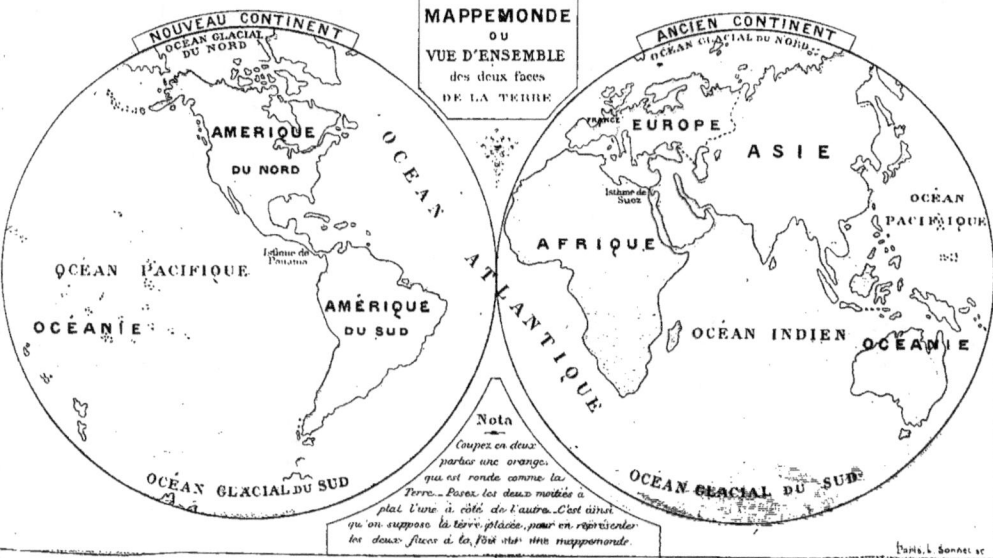

MAPPEMONDE
ou
VUE D'ENSEMBLE
des deux faces
DE LA TERRE

Nota

Coupez en deux parties une orange, qui est ronde comme la Terre. Posez les deux moitiés à plat l'une à côté de l'autre. C'est ainsi qu'on suppose la terre placée, pour en représenter les deux faces à la fois sur une mappemonde.

quoi fait-il jour en ce moment sur la face de la terre que nous occupons ? — 3. Nommez une maison, une place, qui est à l'est de l'école? — 4. Nommez une ville ou un village situé au nord de votre commune? — 5. Que représentent les deux premières cartes de cet atlas?

DEVOIR 2. — 1. Combien y a-t-il de fois plus d'eau que de terre? — 2. Quel continent habitons-nous? — 3. Cherchez deux plaines sur la carte de France et nommez-les. — 4. Deux collines. — 5. Deux montagnes.

DEVOIR 3. — 1. Nommez deux coteaux situés sur le territoire de votre commune. — 2. Cherchez un massif et une chaîne de montagnes sur la carte de France, et nommez-les. — 3. Nommez une vallée ou un vallon des environs de votre commune. — 4. Cherchez un plateau sur la carte de France et nommez-le. — 5. Deux îles.

DEVOIR 4. — 1. Cherchez deux presqu'îles sur la carte de France. — 2. Deux caps. — 3. Trois golfes ou baies. — 4. Deux ports. — 5. Un lac.

DEVOIR 5. — Faites, tant bien que mal, une carte de France sur laquelle vous marquerez une île, une presqu'île, un cap, un port, un lac.

DEVOIR 6. — 1. Cherchez deux fleuves sur la carte de France et nommez-les. 2. Deux rivières. — 3. Nommez deux ruisseaux que vous connaissez. — 4. Près de quelle ville la Seine a-t-elle son embouchure? — 5. Nommez deux affluents de la Loire.

DEVOIR 7. — Faites une carte de France sur laquelle vous marquerez deux fleuves, deux rivières.

DEVOIR 8. — 1. Près de quelle ville l'Allier et la Loire ont-ils leur confluent? — 2. La Marne et la Seine? — 3. Sur quelle rive de (1) êtes-vous ce moment? — 4. Que comprend votre commune (ville, village, hameau, ferme)? — 5. Nommez le chef-lieu de votre canton, de votre arrondissement, de votre département.

DEVOIR 9. — Faites une carte de France, et sur cette carte marquez la place occupée par votre département. (Voir plus loin la carte des départements.)

DEVOIR 10. — 1. Nommez la capitale des pays qui touchent à la France. — 2. De quelle contrée Saint-Pétersbourg est-il la capitale? — 3. Vienne? — 4. Londres? — 5. Constantinople?

DEVOIR 11. — Faites une carte de l'Europe, en indiquant la place occupée par la France.

DEVOIR 12. — 1. Combien y a-t-il de parties du monde dans l'ancien continent? — 2. Remplissez ce tableau : J'habite la commune d   le département d   , la contrée appelée   la partie du monde nommée   , l   continent.

DEVOIR 13. — Faites les deux cercles de la Mappemonde, et, sans dessiner le contour des terres, marquer la place des cinq parties du monde.

COURS MOYEN ET COURS SUPÉRIEUR

DEVOIR 1. — 1. Nommez des astres qui roulent dans l'espace comme la Terre. — 2. Evaluez la longueur de la circonférence de la Terre en mètres, en kilomètres, en lieues, en myriamètres. — 3. Expliquez le jour et la nuit. — 4. Quels sont les deux mouvements de la Terre? — 5. Par quoi est borné l'horizon quand vous êtes à (2)

DEVOIR 2. — Nommez des lieux situés au nord-est, au sud-est, au nord-ouest, au sud-ouest de votre ville ou village. — 2. Avec quoi peut-on s'orienter? (1) — 3. Comment suppose-t-on la terre coupée pour la représenter sur une mappemonde. — 4. Quel est l'opposé de mer et d'océan? — de montagne et de colline? — 5. Nommez deux villes en aval et deux villes en amont de Paris sur la Seine.

DEVOIR 3. — Faire une carte de France, sur laquelle vous indiquerez au moins un des accidents physiques dont il est question aux nos 11, 12, 16, 17, 21, 24, 26, 27, 31, 36, 39, 40, 44, 45, 47, 49.

DEVOIR 4. — Faites une carte d'Europe sur laquelle vous marquerez la lettre initiale les capitales des Etats.

DEVOIR 5. — Faire une mappe-monde en indiquant les détails portés sur la carte ci-contre (en omettant toutefois les petites îles).

* * *

CHAPITRE II

FRANCE

I

NOTIONS GÉNÉRALES

59. Forme, étendue, population. — La France est une des vingt contrées de l'Europe; elle présente la forme d'un *hexagone* ou figure à six côtés.

La France mesure environ 1000 kilomètres du *nord* au *sud*, et 900 de l'*est* à l'*ouest*; elle occupe une superficie de 528.000 kilomètres carrés, et le chiffre de sa population s'élève à 37.700.000 d'habitants, soit 72 habitants par kilomètre carré.

1. Prière au maître de faire inscrire ici le nom d'un cours d'eau du voisinage.
2. Le maître indiquera un lieu.
3. Les élèves ne pourront évidemment répondre à cette question qu'après la leçon que le maître leur fera sur la boussole et l'étoile polaire.

Les cinq départements où la population est la plus dense, sont : la *Seine*, le *Nord*, le *Rhône*, la *Seine-Inférieure* et la *Loire*. C'est dans les *Landes*, la *Corse*, la *Lozère*, les *Hautes-Alpes* et les *Basses-Alpes*, que les habitants sont le plus clairsemés.

60. * Bornes. — La France est bornée : au nord-est, par la *Belgique;* à l'est, par l'*Alsace-Lorraine*, la *Suisse* et l'*Italie;* au sud, par la mer *Méditerranée* et l'*Espagne;* à l'ouest, par l'océan *Atlantique;* au nord-ouest, par la *Manche* et le *Pas-de-Calais*.

61. A partir de la *Suisse* jusqu'à la mer du Nord, la ligne de frontière de l'est et du nord-est est purement conventionnelle, tandis que les autres frontières sont naturelles.

LES CÔTES DE LA FRANCE

62. Côtes de la Manche. — Les côtes françaises de la mer du Nord s'étendent depuis la frontière de la *Belgique* jusqu'au cap *Gris-Nez*, qui est le point le plus rapproché de l'Angleterre, à 32 km. de *Douvres*. Le détroit du *Pas-de-Calais* fait communiquer la mer du Nord avec la **Manche**; cette dernière se développe depuis le cap *Gris-Nez* jusqu'à la pointe *Saint-Mathieu* et forme deux golfes principaux : le golfe du **Calvados** et le golfe de **Saint-Malo**, séparés par la presqu'île du *Cotentin*, qui a pour extrémité le cap de la *Hague*. — Dans le golfe de Saint-Malo, on remarque les îles de **Guernesey** et de **Jersey**, soumises à l'autorité de l'Angleterre.

63. A l'extrémité sud-ouest du Cotentin, s'ouvre la baie du mont Saint-Michel, au milieu de laquelle se dresse un rocher isolé, haut de 120 mètres et surmonté d'une abbaye d'un caractère grandiose.

64. Au sud-ouest de la Manche la grande **presqu'île de Bretagne**, terminée par la pointe *Saint-Mathieu*.

65. Côtes de l'océan Atlantique. — L'océan Atlantique baigne les côtes de France depuis la pointe Saint-Mathieu jusqu'à l'embouchure de la *Bidassoa;* il forme au sud, à partir de l'embouchure de la *Gironde*, le vaste golfe de **Gascogne**. On y remarque : l'île d'**Ouessant**, près de la pointe Saint-Mathieu; l'île de **Groix** et **Belle-Isle**, au sud de Lorient; les îles de **Noirmoutier** et d'**Yeu**, sur les côtes de la Vendée; l'île de **Ré**, en face de la Rochelle; l'île d'**Oléron**, en face de Rochefort.

66. Côtes de la Méditerranée. — La Méditerranée forme le golfe du **Lion** et le golfe de **Gênes**. On y remarque les îles d'**Hyères**, près de Toulon, et les îles de **Lérins**, près de Nice.

67. A 170 km. en mer, au sud-ouest de la France, se trouve la grande île montagneuse de la **Corse**, qui forme un département.

68. Les côtes françaises offrent un développement d'environ 2900 km., dont 2200 pour l'**Océan** et les mers qui en dépendent, et 700 pour la **Méditerranée**. Elles sont couvertes de dunes au nord de la *Somme*, bordées de falaises de la *Somme* à la *Seine*, de rochers, d'îlots, de récifs de la *Seine* à la *Loire*. Elles sont ensuite plates et bordées de marais salants jusqu'à la *Gironde*. On y rencontre enfin de hautes dunes de sable, puis des rochers quand on arrive vers les *Pyrénées*. Les côtes de la **Méditerranée** sont plates et sablonneuses de l'*Espagne* au *Rhône*, montagneuses du *Rhône* à l'*Italie*.

II

RELIEF DU SOL

69. * Si l'on tirait une ligne oblique à travers la France, de *Mézières* à *Bayonne*, on la partagerait en deux parties : la **partie basse au nord-ouest, et la **partie haute** au sud-est.

70. Partie basse. — Sauf quelques îlots isolés, tels que les monts de **Bretagne**, les collines de **Normandie**, les collines du **Perche** et les collines du **Poitou**, dont l'altitude ne dépasse pas 400 mètres, le sol de cette partie basse ne s'élève pas à plus de 200 mètres au-dessus du niveau de la mer.

71. * Les principales régions de plaines et de plateaux sont : la

Flandre, riche pays de culture ; la Normandie, couverte de belles prairies ; la Champagne, terrain en partie crayeux ; la Beauce, couverte de blé en été; la Sologne, plaine marécageuse, et les Landes, plaine aujourd'hui boisée.

72. * **Partie haute.** — Les montagnes les plus élevées sont : les Alpes et les Pyrénées. Viennent ensuite : le **Massif central**, le **Jura** et les **Vosges**.

LES ALPES

73. **Les Alpes.** — Les Alpes françaises, les montagnes les plus importantes de l'Europe, s'étendent de la *Méditerranée* au lac de *Genève*, sur une longueur de 400 km. et une largeur de 200; leurs sommets sont couverts de neiges perpétuelles, et des glaciers immenses descendent dans les vallées. La région inférieure de cette chaîne de montagnes est en partie couverte de belles forêts et d'abondants pâturages.

On divise les Alpes en Alpes de **Provence**, Alpes du **Dauphiné** et Alpes de **Savoie**.

74. **Altitude des Alpes.** — Dans la Provence, les Alpes ont à peine 600 m. d'altitude; elles s'élèvent peu à peu, atteignent 1910 m. au mont *Ventoux*; 4100 m. au mont *Pelvoux*, dans le Dauphiné; et 4810 m. au mont *Blanc*, dans la Savoie, qui est le point culminant de l'Europe. Cinq routes carrossables et deux lignes de chemins de fer, dont l'une passant par le tunnel du *Mont-Cenis*, établissent les voies de communication entre la France et l'Italie.

La mer. (Côtes de Bretagne.)

LES PYRÉNÉES

75. **Les Pyrénées.** — Les Pyrénées forment une épaisse chaîne d'environ 400 km. de longueur sur une largeur de 80 à 120 km. Plusieurs sommets des Pyrénées sont couverts de neiges perpétuelles. Le versant du côté de la France contient de belles prairies, mais peu de forêts.

76. **Altitude des Pyrénées.** — Les Pyrénées offrent une altitude qui varie entre 1300 et 3400 m.; elles ne peuvent être franchies que difficilement, même par les piétons. Aux deux extrémités seules, il y a des routes carrossables.

Les sommets les plus élevés se trouvent au centre de la chaîne : on distingue particulièrement la *Maladetta* (3400 m.), sur le territoire espagnol. Le mont *Canigou* (2780 m.) se trouve à l'est.

77. Aux Pyrénées se rattachent les **Corbières**, séparées de la chaîne des *Cévennes* par le col de *Naurouse* et la plaine du *Languedoc*.

LE MASSIF CENTRAL

78. **Le Massif central.** — Le massif central ou pla-

teau **central** comprend toute la région montagneuse située entre le Rhône, la Loire et la Garonne; il s'étend sur 17 départements et se compose d'un ensemble de montagnes et de plateaux.

79. **Les monts d'Auvergne et les monts du Limousin.** — Le massif central, d'une altitude bien inférieure aux Alpes et aux Pyrénées, a pour points culminants les monts d'Auvergne, dont les principaux sommets sont : le *Puy de Sancy* (1880 m.), le *Plomb du Cantal* (1860 m.) et le *Puy de Dôme* (1460 m.).

Les monts du Limousin, à l'ouest du Puy de Dôme, ont une altitude peu élevée.

80. **Les Cévennes.** — Les monts d'Auvergne projettent vers la grande chaîne des **Cévennes** une ramification qui se rattache au mont *Lozère* (1700 m.), point de jonction entre les *Cévennes méridionales* et les *Cévennes septentrionales*. D'une longueur totale de 450 km., les Cévennes présentent ce caractère particulier d'être vertes et fraîches du côté nord-ouest, sèches et brûlantes de l'autre côté.

La partie la plus élevée de la chaîne des Cévennes est le mont *Mésenc* (1750 m.).

81. Au nord du mont Lozère on remarque les monts du **Forez**, entre l'Allier et la Loire. Au sud-ouest de ces mêmes monts s'étendent les **Causses**, grands plateaux calcaires, froids, et peu fertiles.

MONTAGNES SECONDAIRES

82. **Montagnes faisant suite aux Cévennes.** — La longue chaîne des Cévennes se continue par la **Côte-d'Or** (600 m.), le plateau de Langres (470 m.), les monts **Faucilles** (400 m.), et les **Vosges**.

83. A l'ouest des monts de la Côte-d'Or se trouvent les monts du **Morvan**, qui forment un petit massif boisé d'une altitude d'environ 800 m., et les collines du **Nivernais**, un peu moins élevées.

LE JURA

84. **Le Jura.** — Le Jura est situé partie en France, partie en Suisse. Le Jura français s'étend du *Rhône* au coude du *Doubs*, sur une longueur d'environ 300 km. Il est séparé des Vosges par la *trouée de Belfort*.

C'est un vaste plateau qui se termine à l'ouest, du côté de la France, par une ligne de coteaux; à l'est, du côté de la Suisse, par une crête de montagnes boisées.

85. **Altitude du Jura.** — Le Jura s'abaisse graduellement du sud au

nord. Le point culminant est le *Crét de la Neige* (1720 m.) dans la partie méridionale.

LES VOSGES

86. Les Vosges. — Depuis la funeste guerre de 1870, une partie de la chaine des **Vosges** forme la limite entre la France et l'Allemagne. Nous n'en possédons plus que la partie méridionale, sur le territoire de *Belfort*.

Les Vosges sont de belles montagnes, couvertes de forêts de sapins et de riches vignobles sur le versant oriental, du côté de l'*Alsace*.

87. Altitude des Vosges. — Les plus hauts sommets des Vosges sont : le ballon d'*Alsace* (1260 m.) et le ballon de *Guebwiller* (1430 m.), dans l'ancien département du Haut-Rhin. La chaine va en s'abaissant du sud au nord : ainsi, au mont *Donon*, elle n'a plus que 1000 m., et au col de *Saverne*, dans l'ancien département du Bas-Rhin, elle descend à 400 m.

88. Les Côtes, l'Argonne et les Ardennes. — A l'est de la Meuse on remarque les **Côtes**; à l'ouest l'**Argonne**, dont les défilés sont célèbres dans notre histoire nationale, et, plus au nord, les **Ardennes**.

III

COURS D'EAU

89. * Les quatre grands fleuves. — Il y a en France quatre grands fleuves : la Seine, la Loire, la Garonne, le Rhône, et un certain nombre de petits fleuves, près des côtes.

La Seine verse ses eaux dans la *Manche*; la Loire et la Garonne, dans l'océan *Atlantique*; le Rhône, dans la *Méditerranée*.

Chacun de ces fleuves reçoit, à droite et à gauche, de nombreux affluents.

90. Direction des cours d'eau. — La direction des cours d'eau est déterminée par les pentes que suivent ceux-ci depuis leur source jusqu'à leur embouchure.

Comme les montagnes et les collines où naissent les cours d'eau présentent *deux versants*, il s'ensuit que l'eau qui tombe sur leur crête se divise en deux parties s'écoulant chacune par le versant opposé, exactement comme l'eau qui tombe sur le faite d'une toiture à deux pentes. C'est ainsi, par exemple, que dans la chaine des Cévennes, aux environs du mont *Lozère*, on voit partir, d'un côté, la *Loire*, l'*Allier*, le *Lot*, et le *Tarn*; de l'autre, l'*Ardèche* et le *Gard*.

91. Les deux grands versants. — En examinant la direction générale de la *Seine*, de la *Loire*, de la *Garonne* et de leurs affluents, on remarque qu'ils envoient leurs eaux vers la **Manche** ou l'océan **Atlantique**, tandis que le Rhône, avec ses affluents, se dirige vers la **Méditerranée**.

92. Cette particularité est due à l'altitude des *Pyrénées*, des *Cévennes*, de la *Côte-d'Or*, du plateau de *Langres* et des monts *Faucilles*, qui forment une ligne presque continue et divisent ainsi la France en deux grands versants : le versant de l'océan **Atlantique** et le versant de la **Méditerranée**.

93. Bassin. — L'ensemble des terres arrosées par un fleuve et ses affluents, à partir des hauteurs où naissent ces cours d'eau jusqu'à l'embouchure du fleuve, s'appelle *bassin*.

94. Un bassin est limité par une ceinture de montagnes, de collines et même, à certains endroits, par de simples replis de terrain.

95. Les cinq grands bassins. — Le territoire de la France peut être partagé en cinq grands *bassins* fluviaux, en y

comprenant le bassin du Rhin, dont nous ne possédons plus qu'une faible partie. Ce sont les bassins de la **Seine**, de la **Loire**, de la **Garonne**, du **Rhône** et du **Rhin**.

96. Dans les bassins secondaires coulent : la *Somme*; l'*Orne*; la *Vire* et la *Rance*; le *Blavet* et la *Vilaine*; la *Sèvre-Niortaise* et la *Charente*; l'*Adour*; l'*Aude* et l'*Hérault*; le *Var*.

LA SEINE

97. Cours de la Seine. — La Seine (780 km.) prend sa source dans un vallon du plateau de *Langres*, à environ 450 mètres d'altitude. Après avoir arrosé *Troyes, Melun, Paris, Rouen*, elle se jette dans la Manche, entre le Havre et Honfleur, par un estuaire de près de 10 kilomètres de largeur.

98. Jusqu'à Paris, ce fleuve coule dans une vallée fertile, mais d'un aspect monotone. A partir de la capitale, les abords en sont accidentés et le cours en devient tellement sinueux qu'il se développe sur une longueur de 60 lieues de *Paris* à *Rouen*, alors que la ligne du chemin de fer entre ces deux villes n'a que 30 lieues.

99. En raison de sa faible pente, le cours de la *Seine* est lent, paisible et favorable à la navigation. De plus, comme les pluies sont peu abondantes dans le bassin de la Seine, et que d'ailleurs le terrain en est généralement perméable, il s'ensuit que les crues de la Seine n'occasionnent que fort rarement des inondations dangereuses.

100. * Affluents de la Seine. — Les affluents de la Seine sont, sur la rive droite : l'**Aube**, la **Marne**, l'**Oise** grossie de l'**Aisne**; sur la rive gauche : l'**Yonne** grossie de l'*Armançon*, le **Loing**, l'**Eure**.

LA LOIRE

101. Cours de la Loire. — La Loire est le plus long fleuve de France (980 km.). Elle prend sa source dans les *Cévennes*, à une altitude de 1400 mètres. Après avoir arrosé *Nevers, Orléans, Blois, Tours, Nantes*, elle se jette dans l'océan Atlantique, à une dizaine de lieues de cette dernière ville.

102. La Loire serpente longtemps au milieu de hautes montagnes, dans une vallée étroite et profonde, et comme elle prend sa source à une altitude élevée, son cours est assez rapide jusqu'à *Nevers*, où elle reçoit l'*Allier*, qui prend également sa source dans les Cévennes et qui, à la fonte des neiges, lui fournit un appoint d'eau considérable.

103. Pendant l'été, le niveau de la *Loire* est souvent si bas que la navigation en devient difficile, surtout en amont de Tours. Mais à l'époque de la fonte des neiges ou à la suite de grandes pluies, le fleuve est sujet à des crues qui parfois rompent les digues destinées à le contenir et causent de grands ravages dans les environs.

104. * Affluents de la Loire. — Les affluents de la Loire sont, sur la rive droite : la **Nièvre** et la **Maine** formée par la réunion de la *Mayenne* et de la *Sarthe* grossie du *Loir*; sur la rive gauche : l'**Allier**, le **Loiret**, le **Cher**, l'**Indre**, la **Vienne** grossie de la *Creuse* et la **Sèvre-Nantaise**.

LA GARONNE

105. Cours de la Garonne. — La Garonne (600 km.) prend naissance dans les *Pyrénées*, au pied de la *Maladetta*, en Espagne, à une altitude de 1900 mètres. Elle arrose *Toulouse*, puis traverse une plaine fertile en passant par *Agen* et *Bordeaux*. En aval de cette dernière ville, au bec d'*Ambes*, elle reçoit la **Dordogne**; les deux cours d'eau réunis forment un estuaire qui prend le nom de **Gironde**, véritable bras de mer de 3 à 10 kilomètres de largeur.

106. La *Garonne*, dont le cours est assez calme en été, devient souvent impétueuse au moment de la fonte des neiges dans les Pyrénées et dans le massif central où naissent une grande partie de ses

FRANCE

RELIEF DU SOL
ET COURS D'EAU

Echelle de 5.000.000

0   50   100 Kilom

4810ᵐ

1000ᵐ
200ᵐ
Niveau de la mer

Partie basse (de 0 à
200 mètres d'altitude)
Partie élevée (200 à
1000 mètres)
Hautes montagnes (de
1000 à 4810 mètres)
Ceinture des bassins

affluents. Les crues en sont d'autant plus dangereuses, que les eaux, comme celles de la *Loire*, coulent sur des pentes rapides et des terrains imperméables. En 1875, l'inondation éleva le fleuve de 10 mètres au-dessus de l'étiage et détruisit plusieurs centaines de maisons dans un faubourg de Toulouse.

107. * Affluents de la Garonne. — Les affluents de la Garonne sont, sur la rive droite : l'Ariége, le Tarn grossi de l'Aveyron, le Lot, la Dordogne qui reçoit la *Vézère* grossie de la *Corrèze* et l'Isle; sur la rive gauche : la Save, le Gers et la Baïse.

LE RHÔNE

108. Cours du Rhône. — Le Rhône (800 km. dont 270 en Suisse et 530 en France) prend sa source en Suisse, au mont *Furca*, dans les Alpes, au sein d'un immense glacier à 1500 mètres d'altitude. Il coule d'abord, comme un torrent, dans une vallée très étroite, jusqu'au lac de *Genève* (long de 60 km.), où il se dépouille du limon dont il était chargé. A partir de Genève, les eaux du Rhône deviennent limpides et suivent d'étroits défilés entre le Jura méridional et les Alpes de la Savoie, avant d'arriver à *Lyon*, où le lit du fleuve s'est de beaucoup élargi.

109. A Lyon, le Rhône reçoit la grande rivière de la **Saône**, qui vient des monts *Faucilles*, et coule avec elle, du nord au sud, en passant par *Valence* et *Avignon*. A une dizaine de lieues de cette dernière ville, il se divise en deux branches qui forment l'île de la *Camargue*, et va se jeter dans la Méditerranée par plusieurs embouchures.

110. Le *Rhône* est un fleuve extrêmement rapide, non seulement à cause de sa forte pente (1500 m. d'altitude au lieu d'origine, 400 m. à Genève et 20 m. à Avignon), mais aussi à cause de ses affluents de la rive gauche, qui, à la fonte des neiges, descendent des Alpes comme des torrents. Aussi les crues de ce fleuve sont-elles subites et parfois terribles. Heureusement elles ont peu de durée, mais elles entravent presque tous les ans la navigation pendant deux mois.

111. * **Affluents du Rhône.** — Les affluents du Rhône sont, sur la rive droite : l'**Ain**, la **Saône** grossie du *Doubs*, l'**Ardèche** et le **Gard**; sur la rive gauche : l'**Isère**, la **Drôme** et la **Durance**.

LE RHIN, LA MEUSE ET L'ESCAUT

112. * **Le Rhin** (1350 km.). Avant la guerre de 1870-1871, le **Rhin** servait de limite entre la France et l'Allemagne sur une longueur de 360 km.; depuis la perte de l'*Alsace Lorraine*, ce fleuve ne baigne plus le territoire français.

113. **La Moselle**, affluent du Rhin, n'a en France que la moitié de son cours; elle prend sa source près du ballon d'*Alsace*, passe à *Épinal*, pénètre sur le territoire allemand où elle arrose *Metz*.

La Moselle reçoit sur la rive droite la **Meurthe**.

114. **La Meuse.** — La Meuse (900 km.) prend sa source au plateau de *Langres* et serpente dans une étroite vallée entre l'Argonne et les *Côtes*, passe à *Mézières*, pénètre ensuite en *Belgique*, puis en *Hollande* où elle se jette dans la mer en confondant ses eaux avec le Rhin et l'Escaut. Elle reçoit sur la rive gauche la **Sambre**.

115. **L'Escaut.** — L'Escaut (400 km. dont 120 en France) prend naissance dans la plaine de *Flandre*, coule sur tout son parcours dans un pays très plat et verse ses eaux dans la mer du Nord. La **Scarpe** et la **Lys** sont des affluents de l'Escaut sur la rive gauche.

LES COURS D'EAU CÔTIERS

116. **Les cours d'eau côtiers.** — Les principaux cours d'eau côtiers ou petits fleuves qui ont leur source près des côtes, sont : la **Somme** qui passe à Amiens; l'**Orne**, à Caen; la **Vire**, à Saint-Lô; la **Rance**, à Saint-Malo, tous les quatre tributaires de la Manche; le **Blavet** qui passe à Lorient; la **Vilaine**, à Rennes; la **Sèvre-Niortaise** (grossie de la Vendée), à Niort; la **Charente**, à Angoulème et à Rochefort; l'**Adour**, à Bayonne (après avoir été grossi du *Gave de Pau*), tributaires de l'océan Atlantique; enfin l'**Aude**, qui arrose Carcassonne; l'**Hérault** et le **Var**, qui se jettent dans la Méditerranée.

DEVOIRS ORAUX ET DEVOIRS ÉCRITS

COURS ÉLÉMENTAIRE

Devoir 14. — Tracez le contour de la France, et marquez le nom des pays et des mers qui bornent cette contrée.

Devoir 15. — Marquez, sur une carte de France, le nom des principales plaines et le nom des principales montagnes.

Devoir 16. — 1. Par quoi la France est-elle séparée de l'Italie? — 2. De la Suisse? — 3. De l'Espagne? — 4. De l'Angleterre? — 5. Dans quelle partie de la France trouve-t-on les Vosges?

Devoir 17. — 1. Qu'est-ce qu'un fleuve? — 2. Dans quelle mer se jette la Loire? — 3. La Seine? — 4. Le Rhône? — 5. La Garonne?

Devoir 18. — 1. Quels sont les bassins qui limitent celui de la Loire? — 2. Celui de la Seine? — 3. Quelles montagnes y a-t-il autour du bassin de la Garonne? — 4. De celui du Rhône?

Devoir 19. — Indiquer, sur une carte de France, le cours des quatre grands fleuves français.

Devoir 20. — Où passe la Seine? — Nommez les affluents de ce fleuve dans l'ordre où ils se jettent dans le fleuve (suivre sur la carte).

Devoirs 21, 22, 23. — Même travail sur la Loire, la Garonne, le Rhône.

Devoir 24. — Tracer, sur une carte de France, le cours de la Seine et de la Loire. Marquer, de leur initiale, le nom des villes où elles passent.

Devoir 25. — Même travail sur le Rhône et la Garonne.

Devoir 26. — Tracer sur une carte de France, le cours de la Seine et de la Garonne, ainsi que celui de leurs affluents; inscrire l'initiale des noms des cours d'eau.

Devoir 27. — Même travail sur la Loire et le Rhône.

Devoir 28. — 1. Sur quel fleuve se trouve Troyes? — 2. Tours? — 3. Valence? — 4. Avignon? — 5. Agen?

Devoir 29. — 1. Qu'est-ce que le Rhin? — 2. Où passe la Moselle? — 3. La Meuse? — 4. Dans quel pays coule l'Escaut en quittant la France? — 5. Où passe la Somme?

Devoir 30. — 1. Quels sont les fleuves côtiers qui se jettent dans la Manche? — 2. Dans l'Océan? — 3. Dans la Méditerranée? — 4. Où passe l'Orne? — 5. La Vilaine?

Devoir 31. — 1. Où passe la Charente? — 2. L'Adour? — 3. L'Aude? — 4. L'Orne? — 5. Dans quel golfe se jette l'Hérault?

Devoir 32. — Sur une carte de France, tracer le cours de la Somme, de l'Orne, de la Vilaine, de la Charente, de l'Adour, de l'Aude, de l'Hérault et du Var. Indiquer le nom de ces cours d'eau par la lettre initiale.

COURS MOYEN ET COURS SUPÉRIEUR

Devoir 6. — Tracer le contour de la France en indiquant les accidents physiques qui sont les limites naturelles.

Devoir 7. — Tracer le contour de la France, en indiquant les accidents physiques de ses côtes.

Devoir 8. — Tracer le contour de la France; écrire le nom des principales plaines et des hauteurs qu'on rencontre dans la partie basse.

Devoir 9. — Sur une carte de France, écrire le nom des montagnes de la partie haute et marquer les principaux sommets d'une croix avec l'initiale.

Devoir 10. — Faire un tableau des montagnes de France par ordre d'altitude.

Noms des montagnes	Altitude des sommets les plus élevés	Noms des principaux sommets

Devoir 11. — 1. Quelles sont les montagnes qui forment la ceinture du bassin de la Seine (suivre sur la carte la ligne bleue). — 2, 3, 4. Même question pour la Loire, la Garonne et le Rhône.

Devoir 12. — Sur une carte de France, tracer la limite du bassin de la Seine, ainsi que le cours du fleuve, et celui de ses affluents. Indiquer par un point et l'initiale de leur nom les villes arrosées par ces cours d'eau.

Devoirs 13, 14, 15 et 16. — Même travail sur la Loire, la Garonne, le Rhône et les fleuves côtiers.

Devoir 17. — 1. Par quels fleuves ou rivières sont arrosées les villes de Nancy? — 2. Epinal? — 3. Mâcon? — 4. Grenoble? — 5. Le Mans? — 6. Laval. — 7. Châteauroux? — 8. Tulle? — 9. Angoulême? — 10. Chartres?

Devoir 18. — 1. Par quels fleuves ou rivières sont arrosées les villes de Périgueux? — 2. Rennes? — 3. Besançon? — 4. Mézières? — 5. Arras? — 6. Albi? — 7. Alençon? — 8. Auch? — 9. Foix? — 10. Moulins?

Devoir 19. — 1. Par quels fleuves ou rivières sont arrosées les villes de Cahors? — 2. Caen? — 3. Mende? — 4. Amiens? — 5. Auxerre? — 6. Rodez? — 7. Carcassonne? — 8. Limoges? — 9. Angers? — 10. Guéret?

IV

FRANCE POLITIQUE

117. **Départements.** — La France est divisée en 86 départements (plus le territoire de Belfort), dont les noms sont empruntés, pour la plupart, aux cours d'eau qui les arrosent ou aux montagnes qu'on y rencontre.

118. Il y a 61 départements qui doivent leur nom à des cours d'eau; 13 à des montagnes; 3, à leur position (*Nord*, *Côtes-du-Nord*, *Finistère*); 3, aux anciennes provinces dont ils sont formés (*Savoie*, *Haute-Savoie*, *Corse*). Le département du *Pas-de-Calais*, rappelle le détroit de ce nom ; le *Calvados*, les rochers du Calvados; la *Manche*, la mer de ce nom; le *Morbihan*, le golfe qui rentre dans ses côtes; le département de *Vaucluse*, la fontaine de Vaucluse; le département des *Landes*, les plaines sablonneuses ainsi dénommées.

LA FRANCE PAR RÉGIONS (1)

Iʳᵉ Région : NORD-OUEST

Départements. Préfectures. Sous-Préfectures.(2)

119. Seine-Inférieure..	Rouen. . .	Dieppe, Neufchâtel, Yvetot, le Hâvre.
Eure.	Evreux.. .	Pont-Audemer, les Andelys, Louviers, Bernay.
Calvados.	Caen.. . .	Bayeux, Pont-l'Évêque, Lisieux, Falaise, Vire.
Manche..	Saint-Lô. .	Cherbourg, Valognes, Coutances, Avranches, Mortain.
Orne.	Alençon. .	Argentan, Domfront, Mortagne.
Sarthe.	Le Mans..	Mamers, Saint-Calais, la Flèche.
Eure-et-Loir.. . .	Chartres. .	Dreux, Nogent-le-Rotrou, Châteaudun.

120. Caractères généraux. — Cette région comprend les plaines et les collines de la *Normandie*, au climat humide, à cause du voi-

Dans cette même région se trouvent la *Beauce* et le *Perche*, qui forment, avec la *Brie*, les trois greniers de France. Dans la *Sarthe*, on fait le commerce des grains, et on élève des volailles qui jouissent d'une réputation bien méritée.

121. Villes principales (1). — Le Havre (112.000 h.) date du règne de François Iᵉʳ; ce port de mer vient immédiatement après celui de Marseille; principal centre de nos relations commerciales avec l'Angleterre et l'Amérique du Nord, le Havre est un entrepôt très important de coton; on y construit des navires et des machines pour la marine marchande.

Rouen (107.000 h.), sur la Seine. A part quelques quartiers nouveaux, la ville a conservé son ancienne physionomie. On y remarque une magnifique cathédrale et la place du Vieux-Marché, où fut brûlée Jeanne d'Arc. L'industrie y est très active : on y fabrique d'énormes quantités de tissus de coton désignés sous le nom de *rouenneries*. Les grands navires remontent dans le port avec la marée, à plusieurs lieues de l'embouchure de la Seine. Patrie de Corneille.

Le Mans (57.000 h.), sur la Sarthe, est une ville très ancienne; la cathédrale figure parmi nos plus beaux monuments religieux. Il y a des fabriques très importantes de toile; on y fait grand commerce de bestiaux, de grains et de volailles. Le Mans fut le dernier centre de la résistance aux Prussiens, en 1871.

Caen (43.000 h.), sur l'Orne, est une ville régulière, riche en monuments gothiques. On y fabrique des dentelles et des blondes, et on y concentre les produits agricoles de toute la région, tels que beurre, fromages, œufs.

Cherbourg (37.000 h.), la ville la plus importante de la Manche, est une place de guerre et un grand port militaire, défendu par une digue immense et de nombreux forts. La jetée s'avance de 4 km. dans la mer et garantit nos vaisseaux non moins contre l'attaque des ennemis que contre la fureur des vents.

RÉGIONS DU NORD-OUEST DE L'OUEST ET DU NORD

• Préfecture
○ Sous Préfecture
• Autre ville
Amiens ville de 50 à 100.000 hab^{ts}
LILLE ville de plus de 100.000 hab^{ts}

sinage de la mer, et favorables par conséquent au pâturage et à l'élevage des bestiaux; elle produit beaucoup de beurre, de fromage et d'œufs, indépendamment du cidre, qui est sans rival. L'industrie et le commerce ne fleurissent pas moins en Normandie que l'agriculture, car *Rouen* est un de nos grands centres pour la filature et le tissage du coton, et *Le Havre* notre grand port de commerce avec les Etats-Unis.

122. Autres villes. (2) — Dieppe, port sur la Manche; bains de mer importants. — **Chartres**, sur l'Eure, ville des plus anciennes de France; cathédrale remarquable flanquée de deux tours. Patrie de Marceau. — **Elbeuf** (Seine-Inférieure) sur la Seine, draps renommés. — **Alençon**, sur la Sarthe, dentelles renommées connues sous le nom de point d'Alençon. — **Evreux**, vestiges d'anciennes fortifications romaines. Même département : **Louviers**, fabriques de draps fins. — **Saint-Lô**, sur la Vire; flanelles et coutils. — **Honfleur** (Calvados), en face du Havre, grande exportation de fruits et de beurre pour l'Angleterre. — **La Flèche**, sur le Loir, prytanée militaire. Commerce de volailles dites du Mans. — **Châteaudun**, sur le Loir, à jamais célèbre par la résistance héroïque de sa garde nationale contre l'armée allemande, en 1870. — **Lisieux**, grand centre de fabrication de la toile.

DEVOIRS TYPES
à faire sur chaque groupe de régions.

COURS ÉLÉMENTAIRE

1. Faire une carte sur laquelle vous tracerez le contour des départements de la région de...; vous indiquerez le nom du département et avec l'initiale, le nom du chef-lieu.

1. Quelle que soit la méthode qu'on emploie, l'étude des départements offrira toujours des difficultés. Faisons toutefois remarquer que la division des provinces en départements ne peut être qu'approximative, et que les ceintures de bassins sont en partie fictives. Nous avons donné la préférence à la division de la France en 12 régions agricoles déterminées, il y a quelques années, par le ministère. Cette division a d'ailleurs l'avantage de comprendre dans chaque région un nombre sensiblement égal de départements, ce qui facilitera autant le travail du maître que celui des élèves.

2. Il est évident que les sous-préfectures, que nous rangeons dans l'ordre de leur position du nord au sud, ne seront apprises que dans le cours supérieur.

1. Nous rangeons sous ce titre les villes qui ont au moins 30.000 habitants; elles sont au nombre de 54, savoir : 10 de plus de 100.000, 20 de 50.000 à 100.000, et 24 de 30.000 à 50.000.

2. Ces villes, placées par ordre décroissant de la population, ont moins de 30.000 habitants, mais, en général, elles ne descendent pas au-dessous de 10.000.

L. Sonnet. Sc — Paris

2. Faire une liste des départements frontières ou maritimes du groupe des régions de..., en indiquant le chef-lieu.

3. Faire une liste des grandes villes des trois régions de...

4. Quels sont les chefs-lieux des départements qu'on rencontre sur la Seine ? la Loire ? la Garonne ? le Rhône ?

COURS MOYEN

1. Carte de la région de... Indiquer le nom des départements et, par des initiales, ceux des chefs-lieux de départements et d'arrondissements.

2. Carte d'un groupe de régions avec les noms des départements.

3. Même carte avec les villes de plus de 30.000 habitants.

4. Quels sont les chefs-lieux de départements ou d'arrondissements situés sur la rivière de... ou le fleuve de...?

5. Quels sont les chefs-lieux situés sur l'Océan?

COURS SUPÉRIEUR

1. Résumer la géographie physique, politique et économique de la région (situation, montagnes, plaines, fleuves, productions, grandes voies de communication, divisions administratives).

Nota. — Pour faire ce devoir, l'élève se reportera aux différents chapitres dans lesquels sont traités les points ci-dessus énumérés.

2. Carte agrandie de la région avec les noms des lieux cités dans le devoir précédent.

2ᵉ Région : OUEST

Départements.	Préfectures.	Sous-Préfectures.
123. Ille-et-Vilaine. .	Rennes. . . .	Saint-Malo, Fougères, Montfort, Vitré, Redon.
Côtes-du-Nord. .	Saint-Brieuc .	Lannion, Guingamp, Dinan, Loudéac.
Finistère	Quimper. . .	Morlaix, Brest, Châteaulin, Quimperlé.
Morbihan. . . .	Vannes. . . .	Pontivy, Ploërmel, Lorient.
Loire-Inférieure.	Nantes. . . .	Châteaubriant, Ancenis, Paimbœuf, St-Nazaire.
Maine-et-Loire .	Angers. . . .	Segré, Beaugé, Saumur, Cholet.
Mayenne. . . .	Laval	Mayenne, Château-Gontier.

124. **Caractères généraux.** — Cette région à température humide, mais assez douce, comprend notamment la *Bretagne*, contrée en général peu fertile et couverte de landes, avec des pâturages dans les vallées. On y fait d'excellent fourrage et on y élève une race de bons chevaux. Les habitants des côtes s'adonnent surtout à la pêche et à la navigation maritimes. *Nantes* et *Saint-Nazaire* font un grand commerce avec l'*Amérique centrale*. Dans cette même région se trouvent les départements de *Maine-et-Loire* et de la *Mayenne*, qui se signalent tous les deux pour le développement imprimé à l'agriculture. A noter aussi les grandes exploitations d'ardoises du département de *Maine-et-Loire*.

125. **Villes principales** : Nantes (127.000 h.), sur la Loire, est une des plus importants ports de France ; mais les grands navires ne peuvent pas y aborder, à cause des passes ensablées du fleuve ; aussi s'arrêtent-ils à Saint-Nazaire. Les industries principales de cette ville sont les raffineries de sucre et la construction de navires pour la marine marchande. — Dans les environs, à *Indret* (*Voir la carte économique*), on construit des machines pour la marine de l'Etat.

Angers (73.000 h.), sur la Maine, est entouré de boulevards établis sur les anciens remparts. Cette ville a une belle cathédrale et une Ecole d'arts et métiers. On y fabrique des toiles à voile, et on y remarque des pépinières d'arbres fruitiers et de plantes d'agrément. Dans les environs, il faut citer des ardoisières fort importantes.

Brest (70.000 h.), port militaire, est le grand arsenal maritime des côtes de l'océan et de la Manche. La ville comprend deux parties reliées entre elles par un pont tournant de 250 m. Brest est le marché principal des denrées du pays, et le point de départ d'une ligne de transatlantique pour *New-York*. Il y a une Ecole navale.

Rennes (66.000 h.), sur la Vilaine, est une ville aux rues larges,

aux vastes places, qui s'embellit d'année en année ; en 1720, elle a été en partie détruite par un incendie. Rennes, grand marché agricole (beurre) et centre d'une importante fabrication de chaussures et de gants, est la patrie de *Du Guesclin*.

Lorient (40.000 h.), siège d'une préfecture maritime et place forte, est une ville moderne créée sous Louis XIV ; elle possède une rade sûre et accessible aux navires du plus fort tonnage.

Laval (30.000 h.), sur la Mayenne, fabrique des toiles et principalement des coutils pour pantalons.

126. **Autres villes.** — Saint-Nazaire, à l'embouchure de la Loire, l'avant-port de Nantes ; point de départ des grands transatlantiques pour les Antilles. — Vannes, ville maritime ; commerce portant sur les produits agricoles et sur le poisson. — Saint-Brieuc, commerce maritime. On y fait quelques armements pour la pêche de Terre-Neuve. — Quimper, belle cathédrale. Commerce de poissons. — Cholet, qui a eu à souffrir cruellement pendant les guerres de la Vendée ; resta plusieurs années complètement inhabitée. Aujourd'hui centre manufacturier important ; toiles renommées. — Saumur, sur la Loire, admirablement située sur les flancs d'un coteau ; vins blancs estimés. Ecole de cavalerie. — Saint-Malo, à l'embouchure de la Rance, port actif pour la pêche de la morue, place forte souvent bombardée par les Anglais. Patrie de Chateaubriand.

3ᵉ Région : NORD

Départements.	Préfectures.	Sous-Préfectures.
127. Seine.	Paris . . .	Saint-Denis, Sceaux (supprimées en 1880).
Seine-et-Oise . .	Versailles . .	Pontoise, Mantes, Rambouillet, Corbeil, Etampes.
Seine-et-Marne .	Melun	Meaux, Coulommiers, Provins, Fontainebleau.
Aisne.	Laon. . . .	Vervins, St-Quentin, Soissons, Château-Thierry.
Oise	Beauvais. . .	Compiègne, Clermont, Senlis.
Somme.	Amiens . . .	Abbeville, Doullens, Péronne, Montdidier.
Pas-de-Calais . .	Arras . . .	Saint-Omer, Boulogne, Béthune, Montreuil, St-Pol.
Nord.	Lille. . . .	Dunkerque, Hazebrouck, Douai, Cambrai, Valenciennes, Avesnes.

128. **Caractères généraux.** — Dans cette région, le climat, passablement froid au nord, est tempéré ailleurs, mais assez humide. Dans la *Seine* et les départements avoisinants, les habitants s'occupent de toutes sortes de cultures et d'industries. La *Brie*, en particulier, dont le centre est *Melun*, fournit des céréales en quantité considérable. Le *Nord* est le pays le plus riche de la France, autant par l'agriculture que par l'industrie ; il produit en abondance des céréales, des betteraves et des plantes oléagineuses. Les inépuisables mines de houille qu'on y exploite alimentent des manufactures nombreuses, dans lesquelles plus d'un demi-million d'ouvriers trouvent du travail.

129. **Villes principales** : PARIS (2.344.000 h.), sur la Seine, capitale de la France, est la seconde ville de l'Europe pour la population, et la première, sous bien des rapports, au point de vue artistique, littéraire, scientifique et industriel. C'est le siège du Sénat, de la Chambre des députés, des ministères et la résidence du Chef de l'Etat. Ville forte de premier ordre, Paris a une enceinte d'un circuit de 33 km. avec des forts détachés qui offrent un développement de 130 km. — Les grandes lignes de chemin de fer viennent aboutir à six gares principales. Presque toutes les industries sont exercées à Paris. Des monuments, tels que le *Louvre*, *Notre-Dame*, le *Panthéon* ; des places publiques, telles que celle de la *Concorde* ; des jardins ; des boulevards, contribuent à rehausser l'éclat de notre capitale et à exciter l'admiration de ses

nombreux visiteurs. C'est là que sont installés nos plus riches musées et nos grandes écoles spéciales.

Lille (188.000 h.), centre de la défense de toute la frontière nord de la France, a des fonderies, des forges, des ateliers de construction de machines, des raffineries, des fabriques de toiles et de tissus de coton, des brasseries, des distilleries, qui en font une des villes les plus industrielles de la France. Il y a à Lille une École d'arts et métiers.

Roubaix (100.000 h.), ch.-l. de canton (*Nord*), à quelques kilomètres de la frontière belge, renferme de nombreuses filatures de laine et de coton.

Amiens (80.000 h.), sur la Somme, possède une cathédrale dont la nef est l'un des plus beaux spécimens de l'art gothique. Cette antique cité, enrichie et renouvelée par l'industrie moderne, est aujourd'hui un grand centre de fabrication de tissus de laine, de coton et de toile.

Tourcoing (38.000 h.) ch.-l. de canton (*Nord*), est renommé, comme *Roubaix*, pour ses filatures de laine et de coton.

Calais (58.000 h.) ch.-l. de canton (*Pas-de-Calais*), port, fait un grand commerce avec l'Angleterre et fabrique des dentelles. Cette ville rappelle le dévouement d'Eustache de Saint-Pierre et de ses cinq compagnons.

Versailles (49.000 h.), sur un plateau, est une grande et belle ville dont les rues sont tirées au cordeau. On y admire le magnifique château construit par Louis XIV, et qui fut la résidence des rois, de 1672 à 1789. Versailles est la patrie de Hoche.

Saint-Denis (48.000 h.), possède un grand nombre d'usines et une belle église dont les caveaux servaient de sépulture aux rois.

Saint-Quentin (47.000 h.), sur la Somme, est une ville où l'industrie des tissus de coton est très active; on y fabrique surtout des rideaux blancs.

Boulogne-sur-Mer (45.000 h.), où affluent les baigneurs anglais et français pendant l'été, reçoit dans son port de nombreux bâtiments de commerce venant de *Londres*.

Dunkerque (38.000 h.) entretient un commerce très actif avec les contrées du Nord, principalement avec l'Angleterre; on s'y occupe surtout de la pêche de la morue et du hareng.

Douai (30.000 h.) a des fabriques de dentelles, de tulle, de toile et une fonderie de canons.

Boulogne (30.000 h.), dans la banlieue de Paris, se trouve près d'un bois qui a été converti en une des plus belles promenades du monde.

130. **Autres villes.** — **Valenciennes**, sur l'Escaut, place forte et retranchée; au centre de l'immense et riche bassin houiller d'**Anzin** et de **Denain** (*Voir la carte économique*); ses dentelles et ses batistes ont un grand renom. — **Arras**, place forte; ville très industrielle; brasseries nombreuses, commerce de grains. Patrie de Robespierre. — **Cambrai**, sur l'Escaut, place forte; linons, toiles et batistes renommés; archevêché illustré par Fénelon. — **Saint-Omer**, broderies et couvertures de laine; raffineries de sucre et fabriques de pipes. — **Beauvais**, manufacture de tapis qui remonte à plus de deux siècles. — **Laon**, place forte et camp retranché. — **Château-Thierry**, sur la Marne, patrie de La Fontaine. — **Saint-Gobain** (*Voir la carte économique*), fabrique

de glaces. — **Melun**, sur la Seine, et, dans le même département, **Fontainebleau** avec un beau château et une forêt de 20 lieues de pourtour, l'une des plus belles de France.

4° Région : CENTRE

Départements.	Préfectures.	Sous-Préfectures.
131. Loiret	Orléans . . .	Pithiviers, Montargis, Gien.
Loir-et-Cher. .	Blois.	Vendôme, Romorantin.
Indre-et-Loire.	Tours	Chinon, Loches.
Indre.	Châteauroux .	Issoudun, le Blanc, la Châtre.
Cher	Bourges . . .	Sancerre, Saint-Amand.
Allier.	Moulins . . .	Montluçon, la Palisse, Gannat.
Nièvre	Nevers	Cosne, Clamecy, Château-Chinon.

132. **Caractères généraux.** — Dans cette région, dont le climat est assez doux, on distingue particulièrement les plaines de la *Loire*, marécageuses dans la *Sologne*, où elles sont propres seulement au pacage des moutons, tandis que partout ailleurs elles sont d'une grande fertilité : les céréales, les légumes, les fruits, le chanvre et la vigne y donnent des produits abondants. La vigne prospère dans les environs de *Tours* et d'*Orléans*. L'*Indre* et le *Cher* constituent un des principaux centres de l'élevage des moutons. L'*Allier* trouve dans ses eaux minérales une source féconde de richesse. La *Nièvre* élève dans ses pâturages de très beaux bestiaux et des chevaux renommés pour leur vigueur; elle est également riche en bois, et l'industrie de fer y est très active, grâce à d'abondantes mines de houille.

133. **Villes principales** : **Orléans** (60.000 h.), sur la Loire, ville très ancienne, avec de beaux quartiers neufs, a été illustrée par la défense héroïque de Jeanne d'Arc et de nombreux combats en 1870. On y fait un grand commerce de vinaigre.

Tours (59.000 h.), sur la Loire, est une belle ville industrielle qui possède les fabriques de soieries les plus anciennes de France et une cathédrale remarquable. On y prépare des pruneaux estimés. Siège d'une partie du gouvernement de la Défense nationale en 1870.

Bourges (42.000 h.), exactement au centre de la France, évoque le souvenir de la guerre de cent ans, de Charles VII et de Jacques Cœur. Bourges possède une fonderie d'où sort une grande partie du matériel de l'artillerie. La cathédrale est magnifique.

134. — **Autres villes.** — **Montluçon**, sur le Cher : fabriques de glaces et de produits chimiques ; beaucoup de houille et de minerai dans les environs. — **Nevers**, sur la Loire : grandes usines métallurgiques ; manufacture de porcelaine, de faïence, d'émaux. — **Blois**, sur la Loire : beau château où est né Louis XII et où furent assassinés le duc de Guise et son frère, le cardinal de Guise. A quelques lieues à l'est, on admire le superbe château de Chambord, l'un des plus beaux qui nous restent de la Renaissance. — **Châteauroux**, sur l'Indre, manufacture de tabacs et manufacture de draps spécialement pour l'armée. — **Moulins**, sur l'Allier, belle ville ; rues et hôtels en briques ; marché agricole. — **Vichy** (Allier), quatorze sources d'eaux minérales ; ville fréquentée chaque année par plus de 30.000 étrangers. — **Commentry** (Allier), mines de houille, forges (*Voir la carte économique*).

Place de la Concorde, à Paris.

5° Région : NORD-EST

Départements.	Préfectures.	Sous-Préfectures.
135. Ardennes....	Mézières....	Rocroi, Sedan, Rethel, Vouziers.
Marne....	Châlons-s-Marne.	Reims, Sainte-Méne-hould, Epernay, Vitry-le-François.
Aube.....	Troyes....	Nogent-sur-Seine, Arcis-sur-Aube, Bar-sur-Aube, Bar-sur-Seine.
Haute-Marne..	Chaumont..	Vassy, Langres.
Vosges....	Epinal.....	Neufchâteau, Mirecourt, St-Dié, Remiremont.
Meurthe et Moselle.	Nancy.....	Briey, Toul, Lunéville.
Meuse....	Bar-le-Duc...	Montmédy, Verdun, Commercy.

136. Caractères généraux. — Cette région comprend la *Lorraine* et la *Champagne*. Si, en Lorraine, l'hiver est long et froid, par contre l'été est assez chaud pour permettre la culture de la vigne aux environs de *Nancy, Toul, Lunéville* et *Bar-le-Duc*. Les céréales et le houblon prospèrent dans les plaines des *Vosges*; les prairies dominent dans les vallées, et les forêts couvrent les flancs des montagnes. Les industries principales sont la broderie, la cristallerie, la fabrication des glaces et les industries métallurgiques. La *Champagne* en partie crayeuse, est cultivée avec art et produit des céréales en abondance. Les plantations de pins ont transformé le pays et l'ont enrichi, concurremment avec les fameux *vins mousseux* qui s'exportent dans les cinq parties du monde, et la fabrication des tissus de laine dont *Reims* et *Sedan* sont les centres. Les *Ardennes* possèdent quelques mines de fer et de riches ardoisières; la fabrication des clous et la ferronnerie y ont pris un développement considérable.

137. Villes principales : Reims (97.000 h.), ville antique et célèbre, où Clovis fut baptisé, où la plupart des rois de France furent sacrés, possède une splendide cathédrale et nombre d'autres monuments de toutes les époques. Elle renferme de nombreuses et riches fabriques de tissus de laine et autres étoffes, et fait un grand commerce de vins de Champagne. On y fabrique des biscuits renommés. C'est une ville ouverte, avec des forts détachés. Reims est la patrie de Colbert.

Nancy (79.000 h.), sur la Meurthe, figure parmi les villes les plus belles et les plus régulièrement bâties de France; elle doit surtout cet avantage à Stanislas Leczinski. Depuis la guerre de 1870, la population de Nancy a doublé. Nancy renferme de nombreux établissements d'instruction et en particulier l'École forestière. — On y fait un commerce important de broderies.

Troyes (46.000 h.), sur la Seine, est une ville aux rues tortueuses et irrégulières; autrefois un des principaux centres de commerce de l'Europe à cause de la fabrication d'objets à bon marché, elle a vu sa prospérité diminuer depuis l'établissement des chemins de fer. Toutefois la mercerie et la bonneterie y ont toujours une grande importance.

138. Autres villes. — **Châlons**, sur la Marne, Ecole d'arts et mé-

tiers; caves immenses, comme celles d'Epernay et de Reims, contenant des quantités considérables du fameux vin mousseux de Champagne. — **Bar-le-Duc**, commerce de vins; confitures de groseilles. — **Epinal** et **Toul**, sur la Moselle, **Verdun**, sur la Meuse, sont les trois places fortes qui protègent notre frontière du côté de l'Alsace-Lorraine. Epinal, fabrication d'images coloriées; **Toul**, belle cathédrale; **Verdun**, dragées renommées. — **Lunéville**, sur la Meurthe, commerce de grains, houblons, vins, chanvre, bois; beau château, ancienne résidence des ducs de Lorraine. — **Sedan**, sur la Meuse, renommé pour la fabrication de ses draps, qui ont une réputation universelle. Désastreuse défaite de l'armée française, le 1er et le 2 septembre 1870. — **Charleville**, à côté de **Mézières**, remonte seulement au commencement du xvii° siècle; centre important de fabrication de clouterie et de ferronnerie. — **Chaumont**, sur la Marne, sur un plateau élevé et aride; fabriques de gants; curieux viaduc du chemin de fer. Au sud, **Langres**, coutellerie; ville forte, à 444 mètres d'altitude. — **Baccarat** (Meurthe-et-Moselle), cristallerie renommée (*Voir la carte économique*).

L'Alsace-Lorraine.

139. Perte de l'Alsace-Lorraine. — Avant la funeste guerre de 1870, la France était limitée à l'est par le Rhin, depuis *Bâle* jusqu'à *Lauterbourg*. Le traité de *Francfort* nous a fait perdre :

1° L'ancien département du **Bas-Rhin**, comprenant les quatre arrondissements de *Strasbourg, Schlestadt, Saverne* et *Wissembourg*;

2° L'arrondissement de **Colmar** et celui de **Mulhouse**, de l'ancien département du *Haut-Rhin*. L'arrondissement de *Belfort* nous est resté;

3° Les trois arrondissements de **Metz, Thionville** et **Sarreguemines**, de l'ancien département de la *Moselle;* celui de *Briey* ne nous a pas été enlevé.

4° L'arrondissement de **Sarrebourg** et celui de **Château-Salins**, de l'ancien département de la *Meurthe; Nancy, Toul* et *Lunéville* n'ont pas été détachés de la France;

5° Plusieurs communes du département des **Vosges**.

Total : 11 arrondissements, qui comprenaient 94 cantons, avec 1.750 communes renfermant une population de 1.600.000 habitants!

140. Alsace. — Le sol de l'Alsace est fertile; les montagnes sont boisées sur le versant oriental des Vosges, les coteaux couverts de vignobles. On y admire des sites pittoresques et un grand nombre de ruines de châteaux du moyen âge. A l'est, la riche plaine d'Alsace produit des céréales, du maïs, du chanvre, du houblon, du tabac, des betteraves, des légumes et des fruits de toutes sortes. L'industrie mécanique et textile y est très active, principalement dans le Haut-Rhin.

141. Lorraine. — La partie de la Lorraine que nous avons perdue offre un sol accidenté et fertile, avec des bois et des vignes, entre autres cultures. On y trouve du fer, de la houille, des salines, etc.

142. Villes principales : Strasbourg (100.000 h.), sur l'Ill, non loin du Rhin, est une ville très forte qui a été affreusement bombardée en 1870. La flèche de la magnifique cathédrale s'élève à une hauteur de 142 m. *Gutenberg* et *Kléber* y ont leur statue. Strasbourg exporte de la choucroute et de la bière renommée.

Colmar (25.000 h.) est une jolie ville, près de l'Ill, dans les

Vue de Nancy.

environs de laquelle on trouve de nombreuses filatures de coton.

Mulhouse (70.000 h.), sur l'Ill, s'est enrichie par l'industrie du coton, des indiennes, des toiles peintes, des machines.

Metz (50.000 h.), place très forte sur la Moselle, possède une belle cathédrale. La honteuse capitulation de 1871 ne doit pas effacer le souvenir du siège glorieux soutenu à l'époque de Charles-Quint.

6e Région : EST

Départements.	Préfectures.	Sous-Préfectures.
143. Yonne. . . .	Auxerre. . . .	Sens, Joigny, Tonnerre, Avallon.
Côte-d'Or. . .	Dijon.	Châtillon-sur Seine, Semur, Beaune.
Saône-et-Loire.	Mâcon.	Châlon-s.-Saône, Louhans, Autun, Charolles.
Ain.	Bourg.	Gex, Nantua, Trévoux, Belley.
Jura.	Lons le Saulnier.	Dôle, Poligny, Saint-Claude.
Doubs	Besançon.. . .	Montbéliard, Beaume-les-Dames, Pontarlier.
Haute-Saône. .	Vesoul.. . . .	Lure, Gray.
Territoire de Belfort.	Belfort.	

144. Caractères généraux. — Cette région comprend, outre le territoire de Belfort, deux anciennes provinces, la *Bourgogne* et la *Franche-Comté*. La *Bourgogne* est surtout favorable à la culture de la vigne, qui produit les fameux vins de *Chambertin*, *Clos-Vougeot*, *Pomard*, *Volnay*, *Nuits*, *Beaune*, *Chablis*, etc. Dans la vallée de la *Saône*, le climat brumeux est favorable aux prairies ; sur le plateau du *Jura*, la température est rigoureuse en hiver. Trois industries principales dominent dans cette région : l'horlogerie dans le *Doubs* et le *Jura* ; la fabrication du fromage dit de *Gruyère* dans toute la *Franche-Comté* ; l'industrie métallurgique concentrée au *Creusot*. — Le territoire de *Belfort* nous rappelle nos frères d'*Alsace*.

145. Villes principales : **Dijon** (60.000 h.), ville ouverte avec forts détachés, est situé dans une plaine très fertile. On y fait un grand commerce de grains, de farines et de vins de Bourgogne, et on y fabrique des pains d'épices appelés *nonnettes* de Dijon ; la moutarde y est l'objet d'une exportation considérable. Dijon est la patrie de Bossuet.

Besançon (56.000 h.), sur le Doubs, est une place de guerre de premier ordre ; la citadelle est bâtie sur un rocher qui ferme la presqu'île décrite par le Doubs. Cette ville, fort ancienne, a des fabriques très importantes de montres et une école d'horlogerie renommée. Besançon est la patrie de Victor Hugo.

146. Autres villes. — Le Creusot (*Voir le nom sur la carte économique*), la ville la plus importante de Saône-et-Loire, l'établissement métallurgique le plus considérable de France ; fabrique de canons pour le compte de l'État. — **Belfort**, ville de guerre de premier ordre ; citadelle entourée d'une triple enceinte, avec des fossés taillés dans le roc ; forts construits sur les collines. — **Châlon-sur-Saône**, au point de jonction de la Saône et du canal du Centre ; entrepôt de produits du Midi pour diverses directions ; fonderies importantes. — **Mâcon**, sur la Saône, produit des vins très estimés, qui sont l'objet d'un grand commerce ; patrie de Lamartine. — **Autun**, même département, restée

de monuments romains. — **Bourg**, grand commerce de grains, de volailles, de bestiaux. — **Auxerre**, sur l'Yonne, commerce de vins, de bois flotté, de charbon. — **Lons-le-Saunier**, entouré de salines ; vins d'**Arbois** renommés. — **Vesoul**.

7e Région : OUEST-CENTRAL

Départements.	Préfectures.	Sous-Préfectures.
147. Vendée. . . .	La Roche-s-Yon.	Les Sables-d'Olonne, Fontenay-le-Comte,
Deux-Sèvres . .	Niort.	Bressuire, Parthenay, Melle.
Vienne. . . .	Poitiers . . .	Loudun, Châtellerault, Montmorillon, Civray.
Haute-Vienne.	Limoges . . .	Bellac, Rochechouart, Saint-Yrieix.

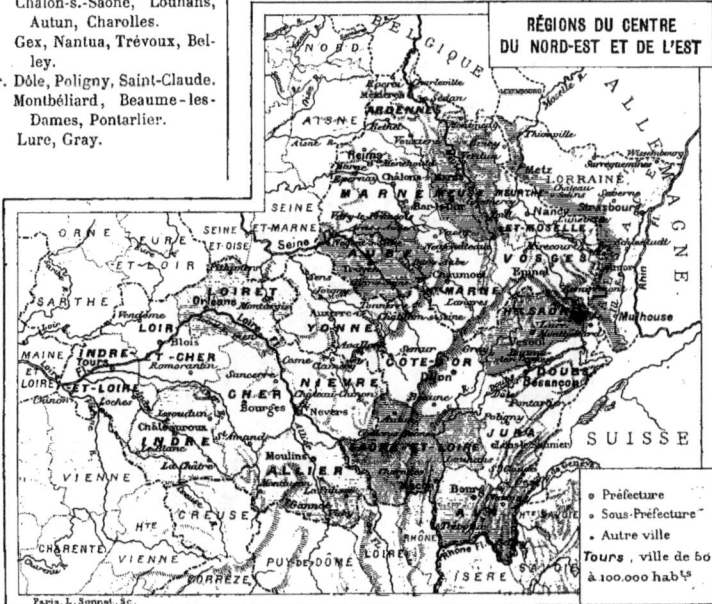

RÉGIONS DU CENTRE DU NORD-EST ET DE L'EST

Dordogne. . . .	Périgueux .	Nontron, Ribérac, Bergerac, Sarlat.
Gironde.	Bordeaux. .	Lesparré, Blaye, Libourne, La Réole, Bazas.
Charente	Angoulême.	Ruffec, Confolens, Cognac, Barbezieux.
Charente-Inférieure.	La Rochelle.	Rochefort, Saint-Jean-d'Angély, Marennes, Saintes, Jonzac.

148. Caractères généraux. — Cette région présente des caractères divers. Le climat y est en général assez doux, mais non exempt d'humidité. Les productions y sont très variées. Alors que la vigne domine dans la *Gironde*, la *Dordogne* et les *Charentes*, elle ne donne ailleurs que des produits médiocres. Les vins fins de *Bordeaux*, connus sous le nom de *Médoc*, *Château-Lafitte*, *Saint-Julien*, *Saint-Estèphe*, *Graves*, *Sauterne*, etc., jouissent d'une réputation universelle; les eaux-de-vie des *Charentes* sont très appréciées. Le *Poitou* est essentiellement agricole, et la production du blé y dépasse les besoins de la consommation ; on y élève aussi une belle race d'ânes

et de mulets. Bien que l'industrie n'occupe dans cette région qu'un rang secondaire, on y remarque les manufactures de porcelaine et de faïence de *Limoges*, les papeteries d'*Angoulême*, et surtout la manufacture nationale d'armes de *Châtellerault*.

149. Villes principales : Bordeaux (240.000 h.), sur la Garonne, est une ville grandiose avec des rues larges, des places spacieuses et des maisons monumentales. Son port se développe sur une longueur de plus de quatre kilomètres; mais, comme à Nantes, les grands navires ne peuvent pas approcher des quais, à cause des bancs de sable de la Gironde. Bordeaux fait un commerce considérable de vins, fabrique des eaux-de-vie, des liqueurs, des conserves alimentaires. Les grands vins de Bordeaux sont exportés dans le monde entier. Il y a à Bordeaux des ateliers de construction de machines pour la marine marchande.

Limoges (68.000 h.), sur la Vienne, bâtie en amphithéâtre sur une colline, a des rues en général étroites et tortueuses et une cathédrale remarquable. La principale industrie de Limoges est la fabrication de la porcelaine.

Poitiers (36.000 h.), sur une éminence, se distingue comme centre d'études. Le commerce porte presque exclusivement sur les produits agricoles.

Angoulême (34.000 h.), sur la Charente, a des papeteries qui jouissent d'une réputation européenne; la cathédrale est fort belle. Dans les environs, à *Ruelle* (*Voir la carte économique*), on fabrique des canons pour la marine.

Rochefort (31.000 h.), sur la Charente, est un de nos cinq grands ports militaires. La construction des navires forme la principale industrie de cette ville.

150. Autres villes. — Périgueux, ville fort ancienne; commerce de vins; grand marché pour les porcs et les truffes. — La Rochelle, ville forte; digue de 1.450 mètres construite par Richelieu. — Niort, sur la Sèvre-Niortaise, jolie ville; commerce de chevaux, de mulets; angélique renommée. — Saintes, sur la Charente, ancienne capitale de la Saintonge, ville déjà florissante à l'époque de la conquête de la Gaule; fabrication d'eau-de-vie. — Châtellerault, sur la Vienne, coutellerie renommée; manufacture d'armes de l'Etat. — Libourne, sur la Dordogne, grand commerce de vins et d'eaux-de-vie. — Cognac, sur la Charente, entrepôt des eaux-de-vie de ce nom, qui donnent lieu à un mouvement d'affaires considérable avec l'Angleterre, la Russie et l'Amérique. — Bergerac, sur la Dordogne, commerce de truffes et de bons vins blancs. — La Roche-sur-Yon, appelée tour à tour **Napoléon-Vendée** et **Bourbon-Vendée**, ville régulière, fondée par Napoléon Ier. — Les Sables-d'Olonne, grande affluence de baigneurs en été; belle plage; ville détruite dans le xviiie siècle, à trois reprises, par de terribles ouragans.

8ᵉ Région : SUD-OUEST

Départements.	Préfectures.	Sous-Préfectures.
151. Landes	Mont-de-Marsan.	Saint-Sever, Dax.
Basses-Pyrénées.	Pau	Bayonne, Orthez, Mauléon, Oloron.
Hautes-Pyrénées.	Tarbes	Bagnères-de-Bigorre, Argelès.
Ariège	Foix	Pamiers, Saint-Girons.
Haute-Garonne.	Toulouse. . .	Muret, Villefranche, Saint-Gaudens.

Gers	Auch.	Lectoure, Condom, Mirande, Lombez.
Lot-et-Garonne.	Agen.	Marmande, Villeneuve-sur-Lot, Nérac.

152. Caractères généraux. — Dans la région des *Pyrénées*, le climat est assez froid en hiver; en été, la température y est douce et attire de nombreux touristes qui viennent jouir du spectacle qu'offrent des vallées tantôt abruptes et sauvages, tantôt larges et verdoyantes. Ailleurs, le climat est humide, mais assez chaud et favorable pour la culture de la vigne et du maïs. La terre est fertile, excepté au bord de la mer, où l'on remarque les dunes et les sables des *Landes*, aujourd'hui en partie couvertes de forêts de pins et de chênes-lièges. Toute cette région est plus agricole qu'industrielle, à part le centre principal, *Toulouse*, où les fonderies ont acquis une importance considérable.

153. Villes principales : Toulouse (147.000 h.), sur la Garonne, est la première ville industrielle du Midi, avec ses minoteries, ses fonderies, sa grande manufacture de tabacs et sa fonderie nationale de canons. Toulouse possède, outre les facultés, une école de médecine, une école des beaux-arts, un conservatoire de musique. Les constructions en briques rouges, et la poudreuse campagne environnante, nuisent à l'aspect de cette grande cité.

Pau (30.000 h.), dans une contrée renommée pour la douceur et la salubrité de son climat, attire chaque année de nombreux étrangers. Henri IV est né au château de Pau.

154. Autres villes. — Bayonne, sur l'Adour, port d'un accès difficile à cause des sables; jambons renommés. Près de là, les célèbres bains de mer de Biarritz. — Tarbes, sur l'Adour, au milieu d'une plaine très bien cultivée; commerce important de chevaux; fonderie de canons. — A Bagnères-de-Bigorre, eaux minérales déjà connues du temps des Romains. — Lourdes, pèlerinage célèbre, dans une vallée charmante (*Voir la carte historique*). — Agen, sur la Garonne, ville très importante du temps des Romains; commerce de pruneaux, d'oies grasses et de liège; marché agricole. — Auch, sur le Gers, ville très ancienne; magnifique cathédrale; commerce de bestiaux et de volailles. — Villeneuve-sur-Lot, fabriques de papier; doit surtout son activité au commerce des pruneaux. — Mont-de-Marsan, entrepôt du commerce des matières résineuses fabriquées dans l'arrondissement. — Foix, sur l'Ariège, dans une position très pittoresque; on y travaille le fer et l'acier et on y fabrique des limes. — Pamiers, sur l'Ariège, ville très ancienne, transformée et présentant aujourd'hui un aspect moderne.

9ᵉ Région : SUD-CENTRAL

Départements.	Préfectures.	Sous-Préfectures.
155. Creuse	Guéret. . . .	Boussac, Bourganeuf, Aubusson.
Corrèze	Tulle. . . .	Ussel, Brive.
Cantal.	Aurillac. . .	Mauriac, Murat, Saint-Flour.
Lot	Cahors . . .	Gourdon, Figeac.
Tarn-et-Garonne.	Montauban. .	Moissac, Castelsarrazin.
Aveyron. . . .	Rodez	Espalion, Villefranche, Milhau, Saint-Affrique.
Tarn	Albi	Gaillac, Lavaur, Castres.

156. Caractères généraux. — Avec un climat en général froid et inégal, cette région peu fertile dans la *Creuse*, la *Corrèze* et le *Cantal*, est cependant favorable à la culture de l'orge et du seigle, et renferme

Cathédrale de Strasbourg.

de beaux pâturages où s'élèvent de nombreux bestiaux. Dans le *Tarn-et-Garonne*, les plaines sont couvertes de florissantes moissons. La fabrication du fromage offre une grande source de revenus aux habitants d'une partie notable de cette région. Beaucoup d'ouvriers de la *Corrèze* et du *Cantal* émigrent au printemps pour s'employer comme maçons ou charpentiers. On rencontre sur plusieurs points des houillères et des sources minérales.

157. Ville principale : Montauban (29.000 h.), grande et belle ville, sur le Tarn, était au XVIᵉ siècle une des principales places fortes des protestants. Aujourd'hui c'est un centre littéraire et industriel. Les minoteries y ont une importance marquée.

158. Autres villes. — Castres, doit son origine à un camp romain; fabriques de draps. — **Albi**, sur le Tarn, ville existant déjà du temps des Romains; du IXᵉ au XIIIᵉ siècle, capitale les Albigeois. Commerce de céréales, vins, bois, safran; patrie de La Pérouse. — **Tulle**, sur la Corrèze, ville généralement mal bâtie; belle cathédrale du XIIᵉ siècle; fabrique nationale d'armes. — **Brive** ou **Brive-la-Gaillarde**, sur la Corrèze, existait déjà du temps des Gaulois, sous le nom de *Briva* (pont); commerce de truffes et de vins. — **Cahors**, sur le Lot, ancienne ville celtique; truffes et vins estimés. — **Rodez**, sur l'Aveyron, ruines d'un amphithéâtre romain. Commerce important de bestiaux et de fromages dits de *Roquefort*. — **Aurillac**, commerce important de fromages dits du *Cantal*. — **Guéret**, peu d'industrie et peu de commerce. — **Aubusson**, sur la Creuse, fabriques très renommées de tapis ras et veloutés, et d'étoffes pour ameublement.

10ᵉ Région : EST-CENTRAL

Départements. Préfectures. Sous-Préfectures.

159. Rhône. . . .	Lyon.	Villefranche.
Loire.	Saint-Etienne. . .	Roanne, Montbrison.
Puy-de-Dôme .	Clermont-Ferrand.	Riom, Thiers, Ambert, Issoire.
Haute-Loire. .	Le Puy.	Brioude, Yssingeaux.
Lozère	Mende.	Marvejols, Florac.
Ardèche . . .	Privas.	Tournon, Largentière.

160. Caractères généraux. — Le climat est assez doux dans la vallée du *Rhône*, où l'on cultive les céréales et les vignes, mais froid et inégal dans les montagnes. La vigne réussit bien dans le département du *Rhône*, mais, sauf dans la *Bresse*, les céréales ne donnent qu'un rendement médiocre. Aussi l'agriculture le cède-t-elle dans cette région à l'industrie, qui a pris, à *Lyon*, à *Saint-Etienne*, à *Roanne*, et ailleurs encore, un développement considérable. D'immenses bassins houillers alimentent des usines de premier ordre pour la mise en œuvre du fer et de l'acier sous toutes les formes. Les soieries de cette région jouissent d'une réputation universelle.

161. Villes principales : Lyon (401.000 h.), la seconde ville de France, au confluent de la Saône et du Rhône, était la capitale de la Gaule sous les Césars. L'industrie très active est sans rivale pour les étoffes de soie. Presque toutes les industries sont d'ailleurs représentées à Lyon; la chapellerie y jouit notamment d'un grand renom. De nombreux forts en font une place de guerre redoutable.

Saint-Etienne (117.000 h.) est une grande ville moderne, au milieu de collines arides, noires de fumée et de houille, sur le *Furens*, dont les eaux sont excellentes pour la trempe des armes. Au centre d'un vaste bassin houiller, elle fabrique des machines, de la coutellerie, de la quincaillerie, des armes, surtout des armes blanches pour l'Etat. Ses rubans de soie sont renommés.

Clermont-Ferrand (46.000 h.), a ses églises et ses maisons bâties en pierres noires. On y fabrique des pâtes alimentaires et des fruits confits. Clermont, patrie de *Pascal*, rappelle aussi la première Croisade. Non loin de là, les ruines de *Gergovie* éveillent le souvenir de l'invasion romaine et de la résistance des Gaulois.

Roanne (30.000 h.), sur la Loire, est une ville commerçante, un grand centre de fabrication des cotonnades.

162. Autres villes. — Le Puy, cathédrale précédée d'un escalier de 100 marches; centre d'un grand commerce de dentelles blanches et noires. — **Thiers**, centre d'une fabrication considérable de coutellerie et de papiers pour timbres. — **Villefranche**, grand commerce de vins et de bestiaux. — **Privas**, belle situation; campagne pittoresque. On y exploite des mines de fer. — **Mende**, sur le Lot, centre de la fabrication et du commerce des serges, qui s'expédient à l'étranger.

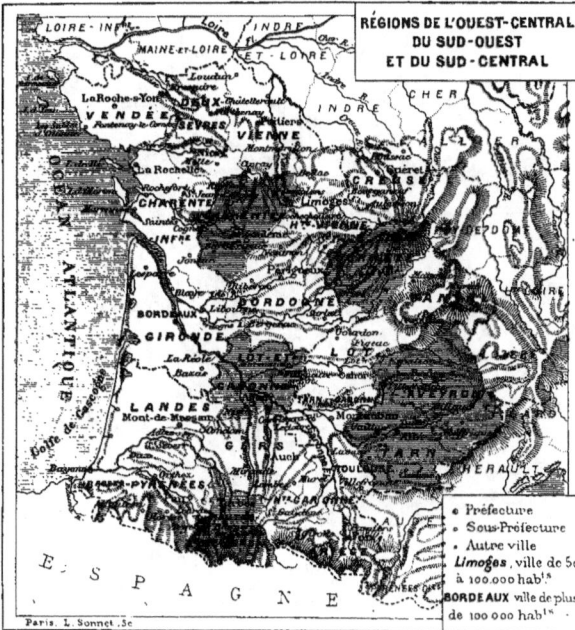

11ᵉ Région : SUD

Départements. Préfectures. Sous-Préfectures.

163. Pyrénées-Orientales.	Perpignan. .	Prades, Céret.
Aude	Carcassonne. .	Castelnaudary, Narbonne, Limoux.
Hérault	Montpellier .	Lodève, Saint-Pons, Béziers.
Gard	Nîmes. . . .	Alais, le Vigan, Uzès.
Bouches-du-Rhône .	Marseille . .	Arles, Aix.
Var	Draguignan .	Brignolles, Toulon.
Alpes-Maritimes . .	Nice	Puget-Théniers, Grasse.

164. Caractères généraux. — Le climat de cette région est plus chaud que les autres et favorable à l'olivier, à la vigne, aux céréales, au mûrier et même à l'oranger et au palmier. Le soleil y est brûlant, le ciel d'un bleu éclatant, et la température quelquefois subitement

RÉGIONS DE L'OUEST-CENTRAL
DU SUD-OUEST
ET DU SUD-CENTRAL

Préfecture
Sous-Préfecture
Autre ville
Limoges, ville de 5o à 100.000 hab¹ˢ
BORDEAUX ville de plus de 100 000 hab¹ˢ

Paris. L. Sonnet, Sc.

modifiée par des vents violents désignés sous les noms de *siroco* lorsqu'ils viennent du sud-est, de *mistral* quand ils soufflent du nord-ouest. L'industrie consiste dans la production et la préparation de la soie, qui est ensuite travaillée à *Lyon* et à *Saint-Étienne;* le commerce s'exerce spécialement sur la quantité considérable de vin qu'on récolte dans la région méditerranéenne. *Marseille* est la capitale commerciale de toute la région.

165. Villes principales ; Marseille (376.000 h.), l'antique colonie des *Phocéens*, dans une situation admirable, entre les montagnes et la mer, est le premier port de commerce de notre pays et le cinquième du monde, après Londres, Liverpool, New-York, Hambourg. Un nouveau port a été construit avec d'immenses bassins; les vieux quartiers se sont transformés; la promenade du *Prado* est superbe. Parmi les industries dominantes, citons la fabrication des savons, des conserves alimentaires, les huileries, les raffineries. A la *Ciotat*, près de Marseille, on construit des machines pour la marine marchande.

Nice (77.000 h.), au milieu de jardins et de bois d'orangers, jouit d'un climat d'une douceur exceptionnelle; on y voit très rarement de la glace. Aussi cette ville est-elle, pendant l'hiver, le séjour d'une foule de riches étrangers.

Toulon (70.000 h.) est le chef-lieu d'une préfecture maritime. Le port, un des plus vastes et des plus sûrs de l'Europe, peut abriter plus de cent vaisseaux. L'enceinte est protégée par vingt et un forts détachés. — A la *Seyne*, près de Toulon, on construit des machines pour la marine marchande.

Nimes (69.000 h.), à cause de sa situation sur la route naturelle du Rhône vers le Languedoc, est devenue l'entrepôt des soies du Midi. La fabrication des tapis y est importante. On remarque à Nimes de beaux restes de monuments romains, tels que la tour *Magne*, la *Maison-Carrée*, les *Arènes*.

Montpellier (56.000 h.), ville riche, sous un beau climat, fait un commerce important de vins, d'eaux-de-vie, de produits chimiques. L'École de Médecine est la plus ancienne de France.

Béziers (41.000 h.), ancienne cité gauloise, puis colonie romaine, fait un grand commerce de vins, d'eaux-de-vie et de fruits.

Cette (37.000 h.), ch.-l. de canton (Hérault) (*Voir la carte d'ensemble*), est, après Marseille, le port commercial français le plus important de la Méditerranée. On y fait le commerce des vins étrangers, surtout des vins d'Espagne.

Perpignan (34.000 h.) est une ville assez mal bâtie, mais du haut de ses remparts on jouit d'un coup d'œil magnifique. Perpignan possède une belle cathédrale et on y fait un grand commerce de vins du Roussillon.

166. Autres villes. — Carcassonne, sur l'Aude; la partie haute ou vieille ville est entourée de curieuses fortifications du moyen âge; la partie basse, percée régulièrement, est bien bâtie. Fabriques de draps. — **Narbonne**, une des villes les plus anciennes de France; maisons tristes et noires; riches plaines dans les environs; communique avec la Méditerranée par un canal. Commerce considérable de vins; remarquables distilleries d'eau-de-vie. — **Aix**, fondé 120 ans avant J.-C. par un consul romain, ville importante sous la domination romaine. Centre du commerce des huiles d'olives fabriquées dans l'arrondissement; École d'arts et métiers. — **Arles**, sur le Rhône, ville qui remonte au temps des Grecs, devenue plus tard capitale de la Gaule romaine. Possède de nombreux restes de monuments romains. — **Alais**, sur le Gard, mines de houille et de fer; hauts-fourneaux; marché pour la soie et centre de la région métallurgique du département. — **Draguignan**, fabriques de cuirs et de savon; commerce d'huiles d'olive.

Nota. — *A la page 23, les élèves trouveront une carte d'ensemble sur laquelle ils pourront étudier les départements dans un autre ordre, par bassins, par exemple. Les bassins sont séparés par un trait bleu.*

RÉGIONS DE L'EST-CENTRAL DU SUD ET DU SUD-EST

Préfecture
Sous-Préfecture
Autre ville
Nimes. ville de 50 à 100.000 hab^ts
LYON. ville de plus de 100.000 hab^ts

Paris L. Sonnet. Se.

12ᵉ Région : SUD-EST

Départements.	Préfectures.	Sous-Préfectures.
167. Savoie	Chambéry . .	Albertville, Moutiers, Saint-Jean-de-Maurienne.
Haute-Savoie .	Annecy . . .	Thonon, Saint-Julien, Bonneville.
Isère.	Grenoble. . .	La Tour-du-Pin, Vienne, Saint-Marcellin.
Drôme	Valence . . .	Die, Montélimar, Nyons.
Hautes-Alpes .	Gap	Briançon, Embrun.
Basses-Alpes .	Digne	Barcelonnette, Sisteron, Forcalquier, Castellane.
Vaucluse . . .	Avignon . . .	Orange, Carpentras, Apt.
Corse.	Ajaccio. . . .	Bastia, Calvi, Corte, Sartène.

168. Caractères généraux. — Le climat, rigoureux en hiver dans toute la région des *Alpes*, est plus doux dans la vallée du *Rhône*, où les céréales, la vigne et le maïs constituent les principales cultures. En *Savoie*, on élève de nombreux troupeaux de vaches et on fabrique des fromages estimés; l'orge et le seigle sont les cultures dominantes. La partie méridionale de cette région renfermait autrefois d'excellents pâturages qu'on a essayé malheureusement d'étendre au détriment des forêts, de sorte qu'aujourd'hui les montagnes et les vallées sont ravinées par les pluies. Cette région n'a qu'une importance médiocre au point de vue de l'industrie et du commerce.

169. Villes principales : Grenoble (52.000 h.), place forte sur l'Isère, est le principal boulevard de la France du côté des Alpes. Après Paris, cette ville est un des centres les plus importants pour la fabrication des gants de peau. Au nord de Grenoble, les touristes visitent le couvent de la *Grande-Chartreuse*.

Avignon (41.000 h.), sur le Rhône, fut la résidence des Papes au xiv⁰ siècle et demeura en leur pouvoir jusqu'en 1791. On y remarque leur ancien palais. Cette ville, vue de loin, est d'un aspect grandiose, mais l'intérieur renferme beaucoup de vieux quartiers. Elle fait un grand commerce de vins et d'huile d'olive.

170. Autres villes. — Vienne, sur le Rhône, ville importante sous la domination romaine; fabriques de draps. — Valence, sur le Rhône, filatures de soie. — **Montélimar**, nougat renommé. — **Chambéry**, ancienne capitale du duché de Savoie, dans une belle vallée s'ouvrant sur le lac du Bourget; rues irrégulières; peu d'activité industrielle. — Albertville et Moutiers, à l'est, à proximité de montagnes gigantesques. — **Bastia**, autrefois la capitale de la Corse; moulins à huile, tanneries et fabriques de pâtes d'Italie. — **Ajaccio**, port et place forte; patrie de Napoléon 1ᵉʳ. — **Gap**, ville dévastée à plusieurs reprises par des tremblements de terre ou des ouragans. Au nord, au milieu de sites grandioses, **Briançon**, ville forte, la plus élevée de France (1306 mètres d'altitude). — **Annecy**, dans une situation charmante, au bord du lac de ce nom. — **Digne**, ville antérieure à la conquête romaine; commerce de pruneaux et de pistaches.

V
FRANCE ADMINISTRATIVE

171. Population. — Le recensement de 1886 accuse pour la France près de 38 millions d'habitants, soit 2 millions de plus qu'en 1871; mais il ne faut pas perdre de vue que, dans cette même période, la population de l'Allemagne a augmenté de 4 millions.

Les 5 départements les plus peuplés sont : la *Seine*, 2.960.000; le *Nord*, 1.670.000; le *Pas-de-Calais*, 860.000; la *Seine-Inférieure*, 830.000; et la *Gironde*, 770.000.

Les 5 départements les moins peuplés sont : le *Tarn-et-Garonne*, 210.000; les *Pyrénées-Orientales*, 210.000; la *Lozère*, 140.000; les *Basses-Alpes*, 130.000; et les *Hautes-Alpes*, 120.000.

172. Division. — Les 86 départements et le territoire de Belfort forment en tout 362 arrondissements, subdivisés en 2.871 cantons et 36.121 communes.

173. * Gouvernement. — Le chef d'État est le Président de la République; il est assisté de ministres chargés du pouvoir exécutif.

174. * Représentation nationale. — Le pouvoir législatif est exercé par la Chambre des députés et le Sénat.

175. * Administration générale du département. — L'administrateur général du département est le Préfet. Dans chacun des arrondissements, sauf celui du chef-lieu de préfecture, il a pour auxiliaire un Sous-Préfet.

176. * Administration communale. — A la tête de chaque commune se trouve le Maire, assisté du *conseil municipal*.

Administrations particulières

JUSTICE

177. Justices de paix. — Chacun des 2.871 cantons est le siège d'un juge de paix.

178. Tribunaux de première instance. — Il y a dans chaque arrondissement un tribunal de première instance (*tribunal correctionnel* et *tribunal civil*), dont le siège est ordinairement au chef-lieu d'arrondissement.

179. Tribunaux spéciaux. — Dans les villes industrielles, il existe un *conseil de prud'hommes* chargé de concilier les différends entre patrons et ouvriers. Les *tribunaux de commerce* jugent les contestations qui s'élèvent entre commerçants; ils fonctionnent dans toutes les villes d'une certaine importance.

180. Cours d'appel. — Les jugements rendus par les tribunaux de première instance et les tribunaux de commerce peuvent être déférés à la cour d'appel.

Les cours d'appel, au nombre de 26, sont établies à : Agen, Aix, Amiens, Angers, Bastia, Besançon, Bordeaux, Bourges, Caen, Chambéry, Dijon, Douai, Grenoble, Limoges, Lyon, Montpellier, Nancy, Nîmes, Orléans, Paris, Pau, Poitiers, Rennes, Riom, Rouen, Toulouse.

181. Cours d'assises. — La cour d'assises siège généralement au chef-lieu de préfecture; elle se réunit tous les trois mois pour juger les crimes.

182. La Cour de cassation. — La cour de cassation siège à Paris; c'est un tribunal suprême qui peut casser, pour vice de forme ou fausse application des lois, les arrêts ou jugements rendus par les tribunaux et les cours d'assises.

Château de Chambord.

CULTES

183. Tous les cultes sont libres en France, mais le culte catholique, le culte protestant et le culte israélite sont les seuls reconnus et salariés par l'État.

184. Culte catholique. — Le culte catholique est administré par des *archevêques* et des *évêques* ayant sous leurs ordres des *curés* et des *desservants*. Les circonscriptions des archevêques et des évêques forment 84 diocèses qui correspondent généralement avec les départements. On compte 17 archevêchés et 67 évêchés. Chaque archevêque a pour suffragants un certain nombre d'évêques. Les 17 archevêchés sont : Aix, Albi, Auch, Avignon, Besançon, Bordeaux, Bourges, Cambrai, Chambéry, Lyon, Paris, Reims, Rennes, Rouen, Sens, Toulouse et Tours.

185. Culte protestant. — Le culte protestant a pour chef, dans chaque paroisse, un *pasteur* assisté d'un *conseil presbytéral*. Ce conseil relève lui-même d'un *Consistoire* dont la juridiction s'étend sur un certain nombre de paroisses. Le Conseil central du culte protestant, en France, siège à Paris.

186. Culte israélite. — Les Israélites ou Juifs sont dirigés par

POPULATION DES PRINCIPALES VILLES DE FRANCE

Villes de plus de 100.000 habitants.		Villes de 100.000 à 50.000 habitants.				Villes de 50.000 à 30.000 habitants.			
Paris	2.344.000	Roubaix	100.000	Rennes	66.000	Versailles	49.000	Cette	37.000
Lyon	401.000	Reims	97.000	Dijon	60.000	Saint-Denis	48.000	Cherbourg	37.000
Marseille	376.000	Amiens	80.000	Orléans	60.000	Saint-Quentin	47.000	Poitiers	36.000
Bordeaux	240.000	Nancy	79.000	Tours	59.000	Clermont-Ferrand	46.000	Levallois-Perret (Seine)	35.000
Lille	188.000	Nice	77.000	Calais	58.000	Troyes	46.000	Angoulême	34.000
Toulouse	147.000	Angers	73.000	Tourcoing	58.000	Boulogne-sur-Mer	45.000	Perpignan	34.000
Nantes	127.000	Brest	70.000	Le Mans	57.000	Caen	43.000	Rochefort	31.000
Saint-Etienne	117.000	Toulon	70.000	Besançon	56.000	Bourges	42.000	Boulogne-sur-Seine	30.000
Le Havre	112.000	Nîmes	69.000	Montpellier	56.000	Avignon	41.000	Douai	30.000
Rouen	107.000	Limoges	68.000	Grenoble	52.000	Béziers	41.000	Laval	30.000
						Lorient	40.000	Pau	30.000
						Dunkerque	38.000	Roanne	30.000

Chefs-Lieux de Préfecture non compris dans le tableau ci-dessus.

Carcassonne	29.000	Agen	22.000	Le Puy	19.000	Auch	15.000	Mont-de-Marsan	11.000
Montauban	29.000	Belfort	22.000	Saint-Brieuc	19.000	Cahors	15.000	Saint-Lô	10.000
Périgueux	29.000	Blois	22.000	Bar-le-Duc	18.000	Rodez	15.000	Draguignan	9.000
Arras	26.000	Châteauroux	22.000	Beauvais	18.000	Aurillac	14.000	Vesoul	9.000
Nevers	25.000	Albi	21.000	Bourg	18.000	Laon	13.000	Mende	8.000
Tarbes	25.000	Chartres	21.000	Ajaccio	17.000	Chaumont	12.000	Digne	7.000
Valence	24.000	Moulins	21.000	Alençon	17.000	Lons-le-Saunier	12.000	Foix	7.000
Châlons-sur-Marne	23.000	Chambéry	20.000	Auxerre	17.000	Melun	12.000	Guéret	7.000
La Rochelle	23.000	Epinal	20.000	Quimper	17.000	Annecy	11.000	Privas	7.000
Niort	23.000	Mâcon	20.000	Evreux	16.000	Gap	11.000	Mézières	6.000
		Vannes	20.000	Tulle	16.000	La Roche-s.-Yon	11.000		

des *rabbins*. Il y a à Paris un *grand rabbin* assisté d'un **Consistoire central**.

INSTRUCTION PUBLIQUE

187. Trois degrés. — L'instruction *publique* comprend trois degrés : l'enseignement **primaire**, donné dans les écoles maternelles, les classes enfantines, les écoles primaires élémentaires et les écoles primaires supérieures; l'enseignement **secondaire**, donné dans les lycées et les collèges communaux; l'enseignement **supérieur**, donné par les facultés de droit, lettres, sciences, médecine, et par certaines écoles spéciales telles que l'Ecole normale supérieure, l'Ecole polytechnique, l'Ecole militaire de Saint-Cyr, l'Ecole navale, l'Ecole des mines, l'Ecole centrale des arts et manufactures, etc.

188. Ecoles normales. — Dans chaque département, il y a une école normale d'instituteurs et une école normale d'institutrices, destinées à former des maîtres et des maîtresses pour l'enseignement primaire. Des écoles normales supérieures de *Paris* et de *Sèvres*, près Paris, et de l'école normale de *Cluny* (Saône-et-Loire), sortent des professeurs pour l'enseignement secondaire. L'école normale primaire supérieure de *Saint-Cloud*, près Paris, prépare des professeurs pour les écoles normales d'instituteurs, et celle de *Fontenay-aux-Roses* en prépare pour les écoles normales d'institutrices.

189. Académies. — La France est divisée, au point de vue de l'instruction publique, en **16 académies** administrées chacune par un *recteur*, ayant sous ses ordres, dans chaque département, un *inspecteur d'Académie*. Celui-ci est secondé par des *inspecteurs de l'enseignement primaire*, dont la circonscription embrasse généralement un arrondissement.

Chaque académie comprend un certain nombre de départements.

190. Les chefs-lieux d'académie sont : Aix, Besançon, Bordeaux, Caen, Chambéry, Clermont-Ferrand, Dijon, Lille, Grenoble, Lyon, Montpellier, Nancy, Paris, Poitiers, Rennes, Toulouse.

DIVISION MILITAIRE

191. Régions militaires. — La France est divisée en *18 régions* ou *commandements militaires*, dont chacune correspond à un **corps d'armée**. *Paris* et *Lyon* forment en outre deux commandements.

192. Les chefs-lieux des 18 régions militaires sont : Lille, Amiens, Rouen, le Mans, Orléans, Châlons-sur-Marne, Besançon, Bourges, Tours, Rennes, Nantes, Limoges, Clermont-Ferrand, Grenoble, Marseille, Montpellier, Toulouse, Bordeaux.

193. L'administration de la Marine comprend 5 arrondissements, à la tête desquels se trouvent des *préfets maritimes*, et dont les chefs-lieux sont nos 5 grands ports militaires : *Cherbourg, Brest, Lorient, Rochefort, Toulon.*

FRANCE
PAR
DÉPARTEMENTS

Echelle de $\frac{1}{5.000.000}$

0   50   100 kilo.

◦ Préfecture.
◦ Sous-préfecture.
• Autre ville.
Amiens, ville de 5o à
100.000 habitants.
LILLE, ville de plus de
100.000 habitants.

Paris - L. Sonnet Sc.

FINANCES

194. Revenus de l'État. — Les principaux revenus de l'État sont :

1° Les quatre *contributions directes* (foncière, personnelle-mobilière, des portes et fenêtres, des patentes);

2° Les droits de *timbre* et d'*enregistrement*;

3° Le produit des *douanes* (droits sur les marchandises étrangères qui entrent en France);

4° Les *contributions indirectes* (droits sur les boissons, le tabac, etc.).

195. Ces revenus, perçus par divers employés, sont centralisés dans les chefs-lieux d'arrondissements par les *receveurs particuliers des finances*, et au chef-lieu de préfecture par le *trésorier payeur général*. Ces employés sont également chargés de faire les paiements, au nom de l'Etat, des départements et des communes.

TRAVAUX PUBLICS

196. Les ponts et chaussées. — L'administration des ponts et chaussées et du service vicinal est chargée de l'entretien et de la construction des routes nationales, des routes départementales et autres chemins de grande communication. Ses attribu-

tions s'étendent également au service hydraulique et à la pêche sur les cours d'eau non navigables.

197. Il y a, à la tête de chaque département, un *ingénieur* en chef, secondé par des ingénieurs ordinaires, des conducteurs de ponts et chaussées et des agents-voyers.

198. **Régions agricoles.** — La France a été divisée, il y a quelques années, en 12 **régions** agricoles (1), dont chacune comprend 7 ou 8 départements qui voient revenir tous les ans, à tour de rôle, des concours agricoles.

VI

FRANCE HISTORIQUE

199. — Avant 1789, la France comprenait 33 **provinces,** qu'il ne faut pas confondre avec les *gouvernements* qui portaient le même nom (2). En 1790, l'Assemblée constituante la divisa en *Départements*, pour effacer le souvenir des anciennes rivalités de province à province et faciliter l'unité administrative.

La France s'est accrue en 1791 du *comtat d'Avignon* et du *comtat Venaissin* cédés par le pape, et en 1860 de la *Savoie* et du *comté de Nice ;* mais en 1871 elle a perdu l'*Alsace*, sauf le territoire de *Belfort*, et une partie de la *Lorraine*.

Les limites des départements ne concordent pas exactement avec celles des anciennes provinces. Lorsque plusieurs provinces ont contribué à la formation du même département, nous classons ce département dans la province où était situé son chef-lieu actuel de préfecture.

Provinces	Chefs-lieux.	Départements	Provinces	Chefs-lieux.	Départements
1° Provinces du Nord.			**4° Provinces de l'Ouest.**		
La Flandre.	Lille.	Nord.	L'Aunis et la Saintonge.	La Rochelle et Saintes.	Charente-Inférieure.
L'Artois.	Arras.	Pas-de-Calais.	L'Angoumois.	Angoulême.	Charente.
La Picardie.	Amiens.	Somme.	Le Poitou.	Poitiers.	Vienne, Deux-Sèvres, Vendée
La Normandie.	Rouen.	Seine-Inférieure, Eure, Calvados, Manche, Orne.	L'Anjou.	Angers.	Maine-et-Loire.
L'Ile de France	Paris.	Seine, Seine-et-Marne, Seine-et-Oise, Oise, Aisne.	La Bretagne.	Rennes.	Ille-et-Vilaine, Côtes-du-Nord, Finistère, Morbihan, Loire Inférieure.
La Champagne.	Troyes.	Aube, Marne, Haute-Marne, Ardennes.	Le Maine avec Le Perche.	Le Mans.	Sarthe, Mayenne.
2° Provinces de l'Est.			**5° Provinces du Centre.**		
La Lorraine.	Nancy.	Meurthe-et-Moselle, Meuse, Vosges.	L'Orléanais.	Orléans.	Loiret, Eure-et-Loire, Loir-et-Cher.
L'Alsace.	Strasbourg.	Bas-Rhin, Haut-Rhin.	Le Nivernais.	Nevers.	Nièvre.
La Franche-Comté.	Besançon.	Doubs, Haute-Saône, Jura.	Le Bourbonnais	Moulins.	Allier.
La Bourgogne.	Dijon.	Côte-d'Or, Yonne, Saône-et-Loire, Ain.	L'Auvergne.	Clermont-Ferrand.	Puy-de-Dôme, Cantal.
Le Lyonnais.	Lyon.	Rhône, Loire.	Le Limousin.	Limoges.	Haute-Vienne, Corrèze.
Le Dauphiné.	Grenoble.	Isère, Drôme, Hautes-Alpes.	La Marche.	Guéret.	Creuse.
3° Provinces du Midi.			Le Berry.	Bourges.	Cher, Indre.
La Provence.	Aix.	Bouches-du-Rhône, Basses-Alpes, Var.	La Touraine.	Tours.	Indre-et-Loire.
Le Languedoc.	Toulouse.	Haute-Garonne, Aude, Hérault, Tarn, Lozère, Haute-Loire, Ardèche, Gard.	**6° L'Ile de Corse**		
			La Corse.	Bastia.	Corse.
Le Roussillon.	Perpignan.	Pyrénées-Orientales.	**7° Provinces acquises depuis 1790.**		
Le Comté de Foix.	Foix.	Ariège.	Le comtat d'Avignon et le comtat Venaissin.	Avignon.	Vaucluse.
Le Béarn.	Pau.	Basses-Pyrénées.	La Savoie.	Chambéry.	Savoie, Haute-Savoie.
La Guyenne et la Gascogne.	Bordeaux et Auch.	Gironde, Landes, Dordogne, Lot, Lot-et-Garonne, Tarn-et-Garonne, Aveyron, Gers, Hautes-Pyrénées.	Le comté de Nice.	Nice.	Alpes-Maritimes.

1. Cette division vient d'être modifiée, mais il y a lieu de supposer qu'on y reviendra après expérience faite.

2. Sur la carte ci-contre, les couleurs distinguent les grands gouvernements, qui portaient le nom d'une province. Ex. : *Bretagne*, chef-lieu *Rennes*. Les petits gouvernements ne sont désignés que par leurs chefs-lieux : *Boulogne, le Havre, Metz*, etc.

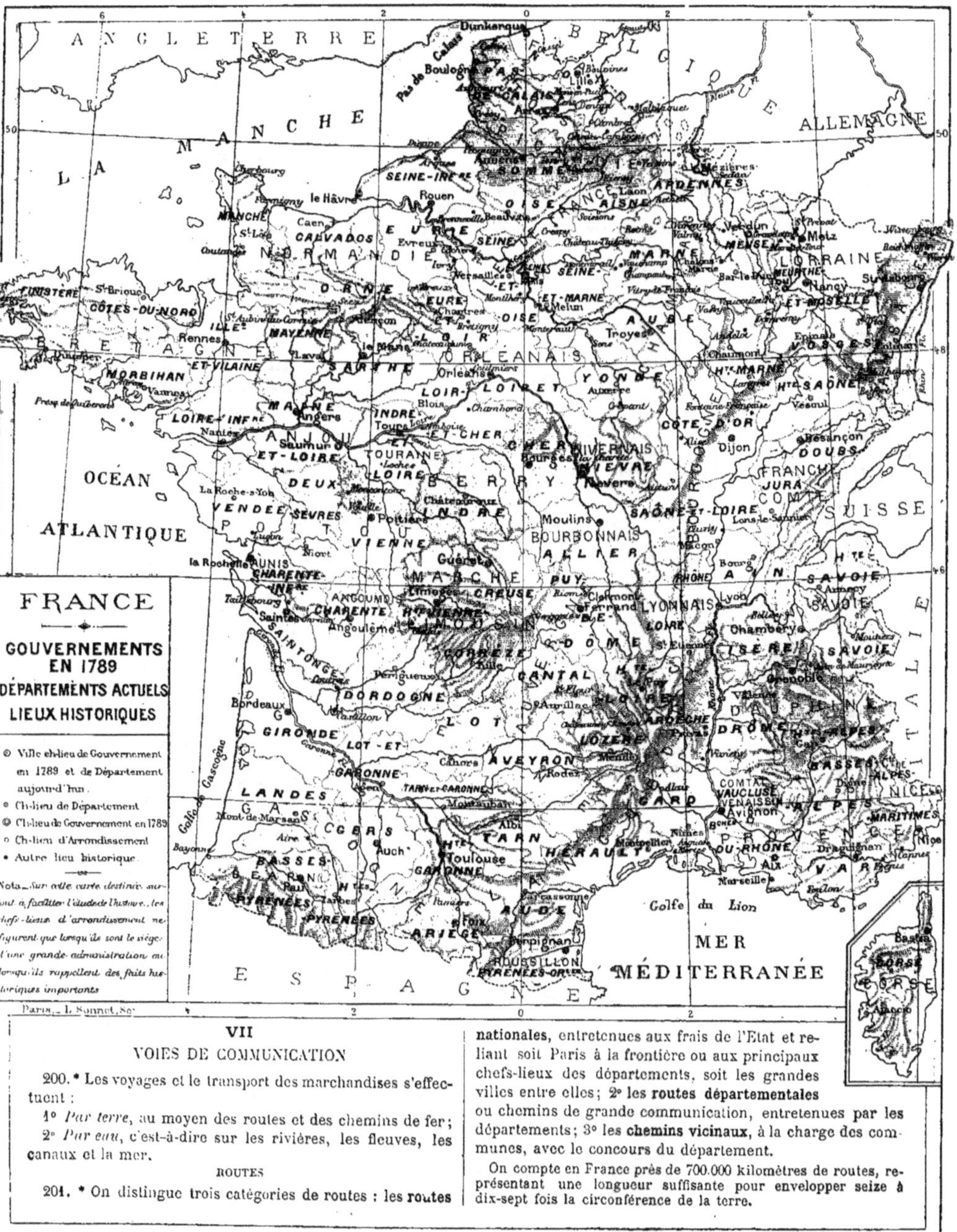

FRANCE
GOUVERNEMENTS EN 1789
DÉPARTEMENTS ACTUELS
LIEUX HISTORIQUES
Ville ch.-lieu de Gouvernement en 1789 et de Département aujourd'hui.
Ch.-lieu de Département
Ch.-lieu de Gouvernement en 1789
Ch.-lieu d'Arrondissement
Autre lieu historique.
Nota. Sur cette carte destinée surtout à faciliter l'étude de l'histoire, les chefs-lieux d'arrondissement ne figurent que lorsqu'ils sont le siège d'une grande administration ou lorsqu'ils rappellent des faits historiques importants.
ANGLETERRE
LA MANCHE
BELGIQUE
ALLEMAGNE
OCÉAN ATLANTIQUE
SUISSE
ITALIE
ESPAGNE
MER MÉDITERRANÉE
Golfe du Lion
Golfe de Gascogne
Pas de Calais
Paris. L. Sonnet, Sc.

VII

VOIES DE COMMUNICATION

200. * Les voyages et le transport des marchandises s'effectuent :

1° *Par terre*, au moyen des routes et des chemins de fer;

2° *Par eau*, c'est-à-dire sur les rivières, les fleuves, les canaux et la mer.

ROUTES

201. * On distingue trois catégories de routes : les **routes nationales**, entretenues aux frais de l'État et reliant soit Paris à la frontière ou aux principaux chefs-lieux des départements, soit les grandes villes entre elles; 2° **les routes départementales** ou chemins de grande communication, entretenues par les départements; 3° les **chemins vicinaux**, à la charge des communes, avec le concours du département.

On compte en France près de 700.000 kilomètres de routes, représentant une longueur suffisante pour envelopper seize à dix-sept fois la circonférence de la terre.

CHEMINS DE FER

202. * Les **chemins de fer**, quoique les plus anciens soient de date récente (1828), présentent aujourd'hui en France un développement de plus de 31.000 kilomètres. Sauf ceux du Midi, ils ont tous leur tête de ligne à Paris, rayonnent de là dans toutes les directions, et rattachent notre capitale aux principales villes de France et d'Europe.

203. * Nos chemins de fer sont divisés en **six grands réseaux**, exploités chacun par une compagnie, indépendamment de ceux de l'État (1).

204. Réseau du Nord. — Ce réseau comprend trois lignes principales :

1° **De Paris à Calais**, vers l'Angleterre, par Creil, Amiens, Boulogne.

2° **De Paris à Lille**, vers Gand et Anvers, par Creil, Amiens, Arras. De cette dernière ville, un embranchement se dirige, par *Hazebrouck*, vers Dunkerque et Calais; de *Douai* un autre va, par *Valenciennes*, à Bruxelles et Amsterdam;

3° **De Paris à Maubeuge**, vers Berlin et Saint-Pétersbourg, par Creil et Saint-Quentin.

205. Réseau de l'Est. — Deux lignes principales se dirigent, la première vers **le nord de l'Alsace**, *Vienne* et *Constantinople*, par Epernay, Châlons, Bar-le-Duc, Nancy, Avricourt (limite de la France) et Strasbourg; la seconde, vers **le sud de la même province**, *Bâle* en Suisse, et *Vienne* en Autriche, par Troyes, Chaumont, Vesoul et Belfort.

D'**Épernay** se détache une ligne passant par Reims, Mézières-Charleville et Givet, qui rejoint à Namur, en Belgique, la ligne de Paris à Maubeuge, et se dirige vers *Berlin* et *Saint-Pétersbourg*.

206. Réseau de Paris-Lyon-Méditerranée. — Ce réseau est formé de deux lignes principales :

1° **De Paris à Marseille**, par Melun, Montereau, Dijon, Mâcon, Lyon, Valence et Avignon, avec bifurcations : à *Dijon*, vers Lausanne et Berne, en Suisse, par Pontarlier; à *Mâcon*, vers Turin, par Bourg, Ambérieu, Culoz, Chambéry et le tunnel du mont Cenis; à *Lyon*, vers Genève; à *Marseille*, vers Gênes, par Toulon et Nice.

2° **De Paris à Nîmes**, par Melun, Montereau, Nevers, Moulins, Clermont-Ferrand et Alais. Cette ligne se rattache à la précédente par l'embranchement de *Nîmes-Tarascon*, et au réseau du Midi par le prolongement de *Nîmes à Cette*.

207. Réseau du Midi. — Le réseau du Midi comprend deux lignes principales :

1° **De Bordeaux à Cette**, par Agen, Montauban, Toulouse, Carcassonne et Narbonne. Cette ligne se bifurque à *Narbonne* pour se prolonger vers Barcelone en Espagne, par Perpignan et Port-Vendres;

2° **De Bordeaux à Bayonne**, vers Madrid et Lisbonne.

208. Réseau d'Orléans. — Trois lignes principales forment ce réseau :

1° **De Paris à Toulouse et à Agen**, par Orléans, Châteauroux, Limoges, Périgueux;

2° **De Paris à Bordeaux**, par Orléans, Tours, Poitiers et Angoulème;

3° **De Paris à Saint-Nazaire**, par Orléans, Tours, Angers et Nantes.

209. Réseau de l'Ouest. — Ce réseau comprend trois lignes principales :

1° **De Paris à Brest**, par Chartres, Le Mans, Laval et Rennes;

2° **De Paris à Cherbourg**, par Evreux et Caen;

3° **De Paris au Havre**, par Rouen.

1. Les élèves du cours élémentaire se contenteront d'énumérer les réseaux des chemins de fer.

210. Réseau de l'État. — L'État exploite lui-même, de *Paris à Bordeaux*, un réseau de 2.300 km. commençant à *Chartres* et passant par Saumur, Niort et Saintes, avec des ramifications sur le parcours, à droite et à gauche, principalement vers *Poitiers* et *La Rochelle*. Le trafic le plus important du réseau de l'État est celui de la ligne de *Poitiers à La Rochelle*.

Distance approximative, en lieues de 4 kilomètres, de Paris aux principales villes de France, par les grandes lignes de chemin de fer.

211. *Réseau du Nord.* — Amiens, 30 lieues; Calais, 70; Lille, 60; Maubeuge, 50.

Réseau de l'Est. — Nancy, 90; Troyes, 40; Belfort, 110; Strasbourg, 120; Mulhouse, 120.

Réseau de P.-L.-M. — Dijon, 80; Lyon, 130; Marseille, 220; Nice, 270; Cette, 220.

Réseau du Midi. — Bayonne, 200.

Réseau d'Orléans. — Orléans, 30; Tours, 60; Toulouse, 190; Bordeaux, 140; Saint-Nazaire, 120.

Réseau de l'Ouest. — Rouen, 30; le Havre, 60; Cherbourg, 90; Rennes, 90; Brest, 160.

NAVIGATION INTÉRIEURE

212. La navigation intérieure se fait sur les fleuves et les rivières navigables, ainsi que sur les canaux. Un cours d'eau est **navigable**, lorsqu'il est assez large et assez profond pour porter les bateaux.

213. Nos cours d'eau sont loin d'être tous dans ce cas. Les uns, tels que la *Seine*, l'*Oise*, la *Somme* et les rivières du *Nord*, n'ayant pas une profondeur moyenne constante, ont dû être **canalisés** : on y a construit des barrages et des écluses qui élèvent le niveau de l'eau ou qui permettent le passage d'un niveau à un autre. Le long des autres, tels que la *Garonne*, la *Loire*, la *Marne*, etc., qui ne se prêtent pas à la construction de barrages et d'écluses, on a construit des **canaux latéraux** (canaux de côté).

214. * **Les canaux.** — Un **canal** est une rivière artificielle où l'on maintient un niveau constant au moyen d'*écluses* qui forment barrages. C'est dans les régions peu accidentées que les canaux sont le plus nombreux; on les appelle *canaux de jonction*, lorsqu'ils servent à établir la communication entre deux cours d'eau naturels ou entre deux mers. Le transport des marchandises par bateaux se fait à un prix deux fois inférieur au moins au tarif des chemins de fer, mais avec une vitesse bien moins grande.

215. Le premier canal (celui de *Briare*) fut construit en France sous Henri IV. Le second (celui du *Midi*) est l'œuvre de l'ingénieur Riquet, sous Louis XIV. Le réseau actuel des canaux, exécuté sans plan d'ensemble, a été voté sous Louis XVIII; des travaux entrepris récemment tendent à le compléter.

216. Nous avons en France près de 100 rivières et fleuves navigables, qui offrent un développement d'environ 8.000 km. Le tout constitue un réseau analogue à celui des chemins de fer, et le trafic s'y évalue par le nombre de tonnes des marchandises transportées.

217. Les principales lignes de navigation intérieure sont :

1° **La ligne de Paris à la frontière belge**, formée par la *Seine*, l'*Oise*, le canal *latéral* à l'Oise, le canal de *Saint-Quentin* et l'*Escaut*. On peut y rattacher le canal de la *Sambre*, à l'est, et le canal de la *Somme*, à l'ouest.

2° **Les lignes du Nord**, formées par les canaux du *Nord*, l'*Escaut*, la *Scarpe* et la *Lys*.

3° **La ligne de l'Oise à la Meuse et à la Marne**, formée par l'*Aisne*, le canal *latéral* à l'Aisne et le canal des *Ardennes*, d'une part; le canal de l'*Aisne* à la *Marne*, d'autre part.

4° **La ligne de Paris à la frontière de l'Est**, formée par la *Marne*, le canal *latéral* à la Marne et le canal de la *Marne au Rhin*.

5° **La ligne de la Marne à la Saône**, formée par le canal de ce nom.

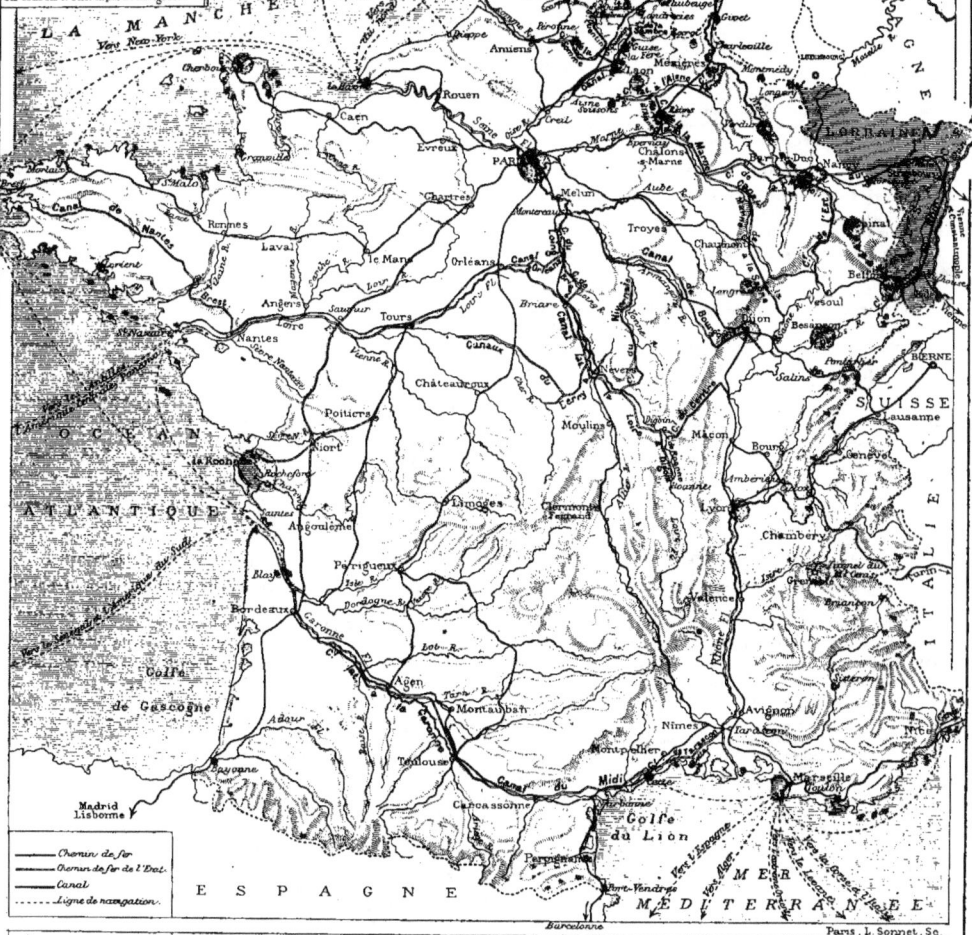

FRANCE
VOIES DE COMMUNICATION
Echelle de 5.000.000.
Nota: Les cours d'eau dont le nom est inscrit sur cette carte sont en partie navigables

Paris, L. Sonnet. Sc

DÉFENSE MILITAIRE

- Ville fortifiée
- Ville entourée de forts
- Fort

6° La ligne de la frontière belge au Rhône, formée par la *Meuse* canalisée, le canal de la *Marne* au *Rhin*, le canal de l'*Est*, la *Saône* et le *Rhône*.

7° La ligne de la Manche à la Méditerranée, formée par la *Seine*, l'*Yonne*, le canal de *Bourgogne*, la *Saône* et le *Rhône*.

8° La ligne du Rhône au Rhin, formée par la *Saône*, le *Doubs* et le canal du *Rhône au Rhin*.

9° La ligne de la Loire au Rhône, formée par le canal du *Centre* et la *Saône*.

10° La ligne de la Loire, formée par le canal de *Roanne* à *Digoin* et le canal *latéral* à la *Loire*.

11° Les lignes de la Seine à la Loire, par les canaux du *Loing*, de *Briare* et d'*Orléans*, d'une part; l'*Yonne* et le canal du *Nivernais*, d'autre part.

12° Les lignes du Centre, formées par les canaux du *Berry* et le *Cher* canalisé.

13° **La ligne de la Basse-Loire,** d'*Angers* à l'*océan Atlantique.

14° **La ligne de l'Océan au Rhône et à la Méditerranée,** par la *Gironde*, la *Garonne*, le canal *latéral* à la Garonne, le canal du *Midi* et le canal de *Tarascon*.

218. Le trafic varie beaucoup d'une ligne à l'autre. Alors que sur la ligne de Paris à la frontière belge, il atteint 1.700.000 tonnes par an, il ne s'élève qu'à 700.000 sur les canaux de jonction de l'Escaut à la mer du Nord. Sur la ligne de la Manche à la Méditerranée, par la Bourgogne, le trafic varie, suivant les points, de 100.000 tonnes à 2 millions.

Sur les autres lignes de navigation mentionnées ci-dessus, le trafic annuel s'élève de 100.000 à 400.000 tonnes.

On peut encore citer les canaux des *Charentes* et le canal de *Nantes* à *Brest*; mais ces lignes ont peu d'importance.

NAVIGATION MARITIME

219. **Division de la navigation maritime.** — Les transports par mer se font par la navigation au long cours et le cabotage ou navigation côtière.

220. **La navigation au long cours.** — La **navigation au long cours** établit des relations entre la France, ses colonies et les principales contrées du monde; elle se fait par navires à voiles ou par navires à vapeur, qui partent spécialement de *Marseille*, de *Bordeaux*, de *Saint-Nazaire* et du *Havre*, dans des directions indiquées sur la carte (*page 27*).

Notre pays est la troisième puissance maritime du monde : elle vient immédiatement après l'Angleterre et les Etats-Unis d'Amérique.

221. **Le cabotage.** — Le cabotage se fait de port français à port français. Les principaux services côtiers sont ceux de *Dunkerque* au *Havre*; de *Cherbourg* à *Morlaix*; du *Havre* à *Nantes*; de *Nantes* à *Bordeaux*; de *Marseille* à *Cette* et à *Nice*.

VIII

LA FRANCE AU POINT DE VUE DE LA DÉFENSE MILITAIRE

222. * **Défense des frontières.** — Au commencement de notre siècle, les frontières de la France n'étaient guère défendues que par des villes entourées de **remparts**, (talus de terre revêtus d'une épaisse maçonnerie, de **fossés** larges et profonds, et munies de nombreuses pièces d'artillerie.

Ce système de défense, devenu insuffisant, a été complété, depuis quelques années, par l'établissement de **forts détachés** qui défendent les passages ouverts à l'ennemi (cols, défilés, vallées, routes, ports, etc.) et par des **camps retranchés** (places de guerre ou villes ouvertes entourées de forts).

223. **Frontière du nord-est.** — La frontière du nord-est est défendue par de nombreuses places de guerre dont la **première ligne** comprend trois groupes : *Lille*, *Valenciennes* et *Maubeuge*; *Verdun* et *Toul*; *Epinal* et *Belfort*.

La **deuxième ligne** est formée par *La Fère*, *Laon*, *Reims* et *Langres* qui s'oppose également à l'envahissement de la France par le Jura.

Enfin **Paris**, avec son enceinte fortifiée d'un circuit de 33 km., et sa nouvelle ceinture de forts détachés offrant un développement de 130 km., peut être considéré avec raison comme l'âme de la résistance nationale, car il ne faudrait pas moins d'un demi-million d'hommes pour investir cette place.

224. **Frontière du Jura.** — La frontière du Jura est protégée, en **première ligne**, par la grande place de *Besançon*, munie d'une citadelle formidable et de forts avancés; en **seconde ligne**, par *Langres* et *Dijon*.

225. **Frontière des Alpes.** — Cette frontière, en partie couverte par les épaisses ramifications des Alpes, est défendue par les deux places fortes de *Grenoble* et *Briançon*, par des forts et par les camps retranchés de *Lyon* et *Toulon*.

226. **Frontière des Pyrénées.** — Les Pyrénées forment une excellente frontière naturelle. Seules les deux extrémités de cette chaîne offrent des passages que défendent les petites places fortes de *Bayonne* et *Perpignan*.

227. **Défense des côtes.** — Les principaux points fortifiés sont : *Dunkerque*, *Cherbourg*, *Brest*, *Lorient*, *La Rochelle*, *Rochefort* et *Toulon*, sans compter les forts et les batteries établis sur la côte ou dans les îles voisines du littoral.

228. Ne perdons d'ailleurs pas de vue que ces moyens de défense ne seront efficaces, le jour du danger, que si tous les citoyens sont pénétrés de l'amour de la patrie, joint à la volonté ferme et inébranlable de repousser les envahisseurs.

IX

FRANCE ÉCONOMIQUE

AGRICULTURE

229. La France est un pays essentiellement agricole; les travaux des champs y occupent les deux tiers de la population, et les produits récoltés annuellement représentent une valeur de 14 milliards de francs; c'est la principale source de notre richesse.

230. **Les climats.** — On distingue généralement en France : 1° le climat **séquanien** (ou de la Seine), assez humide; 2° le climat **océanien**, plus humide encore, mais plus doux; 3° le climat **vosgien**, aux hivers longs et froids; 4° le climat **rhodanien** (ou du Rhône), très variable; 5° le climat **girondin**, humide et assez chaud; 6° le climat du **massif central**, humide, froid et inégal; 7° le climat **méditerranéen**, le plus chaud de tous.

En raison de la diversité du climat, de l'altitude et de la nature du sol, toutes les parties de la France ne sont pas également fertiles.

Principaux produits agricoles.

231. **Les céréales.** — La France produit environ 100 millions d'hectolitres de froment et 80 millions d'hectolitres d'avoine, sans compter le seigle, l'orge, le sarrazin, le maïs. Le froment réussit surtout dans les plaines de la *Flandre*, de l'*Ile de France*, de l'*Orléanais*. Le pays de *Caux*, la *Beauce*, la *Brie*, la *Limagne* en produisent la plus grande quantité. L'**orge** et le **seigle** prospèrent en *Lorraine*, en *Savoie*, en *Bretagne* et dans le *Massif central*; le **maïs** est principalement cultivé dans la vallée de la *Garonne*.

232. **Autres cultures alimentaires.** — La pomme de terre se cultive partout, mais elle réussit surtout en *Lorraine* et dans les provinces de l'est. L'**olivier** et l'**oranger** caractérisent la *Provence*.

233. **La vigne.** — La France produit à elle seule la moitié du vin récolté dans l'Europe entière. Les départements les plus riches en **vignobles** sont l'*Hérault*, le *Gard*, l'*Aude*, les *Pyrénées-Orientales*. Malheureusement le phylloxéra a fortement endommagé ces immenses vignobles qui autrefois donnaient un rendement annuel de 5 millions d'hectolitres dans le seul département de l'*Hérault*.

Les vins de France les plus renommés sont les vins de *Bordeaux*, les vins de *Bourgogne* et les vins mousseux de *Champagne*.

Le rendement annuel moyen du vin récolté dans les 77 départements où la vigne réussit, peut être évalué à 35 millions d'hectolitres.

234. **Le cidre et la bière.** — Le cidre est la boisson principale en *Normandie* et en *Bretagne*. La **bière** se consomme partout, mais spécialement dans le nord et dans l'est.

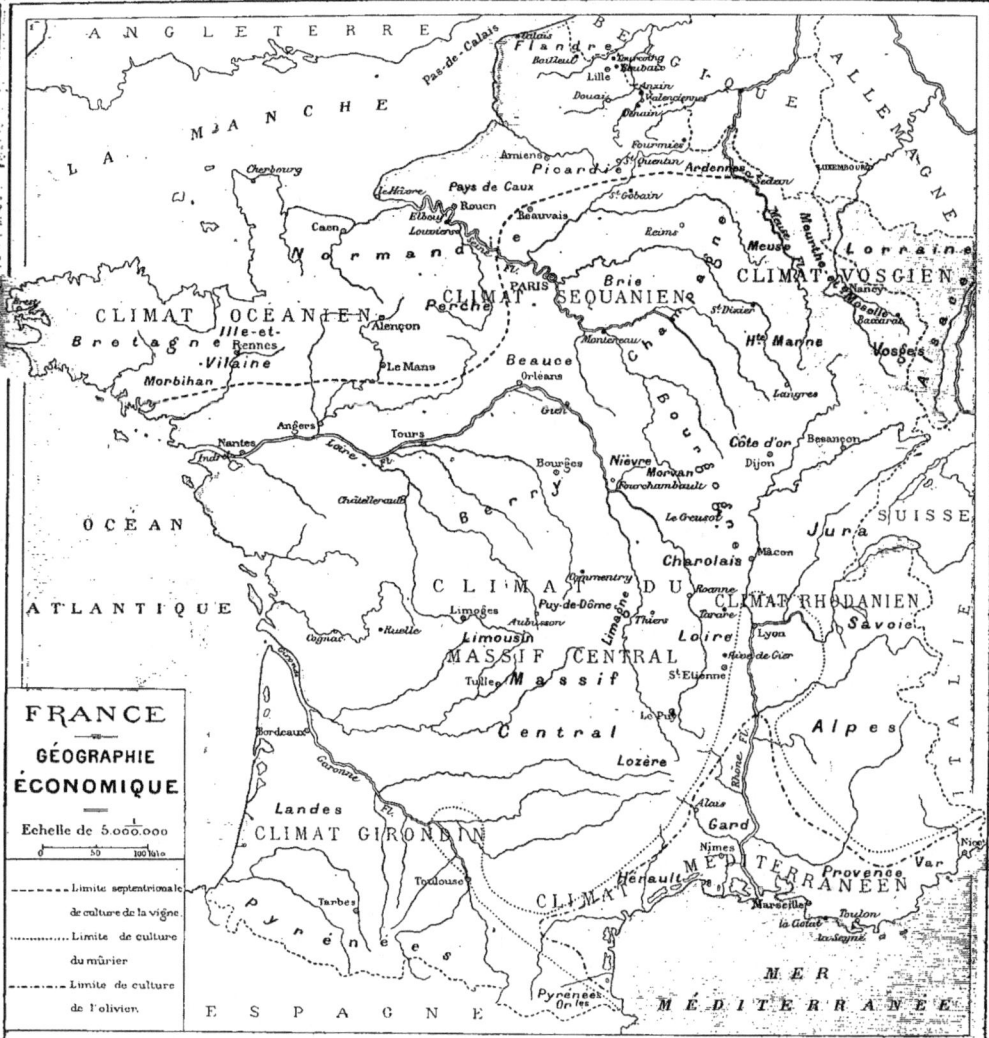

FRANCE
— VII —
**GÉOGRAPHIE
ÉCONOMIQUE**

Echelle de 5.000.000

0   50   100 kilo

- - - - - Limite septentrionale
de culture de la vigne.

········· Limite de culture
du mûrier.

─··─ Limite de culture
de l'olivier.

Paris.-L.Sonnet.Sc

235. Cultures industrielles. — Les principales cultures industrielles sont celles du *lin* et du *chanvre*, particulièrement aux régions de Paris et du Nord; de la *betterave*, cultivée spécialement dans la région du Nord; du *mûrier*, dans le bassin du Rhône; de l'*œillette*, du *colza*, de la *navette*, acclimatés dans plusieurs régions; enfin celle du *tabac*, dont la culture n'est autorisée que dans 20 départements.

236. Forêts. — Les forêts couvrent environ la sixième partie de notre pays. Les régions qui en renferment le plus sont les *Landes*, le *Var*, la *Côte-d'Or*, les *Vosges*, la *Meuse*, les *Ardennes*, le *Morbihan*, les *Basses-Alpes* et les *Hautes-Alpes*.

237. Prairies et pâturages. — Les meilleures prairies se trouvent dans la *Normandie* et dans la *Bretagne*; viennent ensuite celles du *Berry*, du *Jura*, des *Alpes*, des *Pyrénées* et du *Massif central*.

238. Animaux domestiques. — Les races d'animaux domestiques les plus remarquables sont les *bœufs* flamands, normands, comtois, du Morvan, du Charolais ; les *vaches* bretonnes ; les *moutons* flamands, normands, picards, berrichons, provençaux ; les *chevaux* normands, percherons, limousins.

INDUSTRIE

239. On peut diviser les diverses industries en industries *minérales* ou *extractives*, en industries *métallurgiques* et en industries *manufacturières*.

240. Industries minérales ou extractives. — La plus importante de ces industries est l'exploitation des mines de **houille** ou **charbon de terre**, dont les gisements les plus riches se trouvent dans le nord, près de *Valenciennes*, *Anzin* et *Denain* ; en second lieu viennent les mines des environs de *Saint-Etienne* (Loire et Rhône) ; enfin les mines moins importantes du *Creusot* (Saône-et-Loire), de *Commentry* (Allier), d'*Alais* (Gard). La production de la houille en France ne suffit pas pour la consommation ; aussi sommes-nous obligés d'en faire venir environ un tiers de l'Angleterre, de l'Allemagne, de la Belgique.

241. La France produit aussi du *fer*, principalement dans la Meurthe-et-Moselle et dans la Haute-Marne ; du *plomb*, dans le Puy-de-Dôme, l'Ille-et-Vilaine et la Lozère.

On comprend en outre, dans les industries extractives, l'exploitation des carrières de *pierres à bâtir*, de *plâtre*, de *marbre* (Pyrénées), d'*ardoises* (Ardennes, Angers), des mines de *sel gemme* (Jura).

242. Industries métallurgiques. — Les usines les plus importantes pour la préparation de la **fonte**, du **fer** et de l'**acier** sont celles de *Lille*, du *Creusot*, de *Rive-de-Gier* (Loire), de *Saint-Dizier* (Haute-Marne) et de *Fourchambault* (Nièvre). On fabrique dans ces usines, ainsi qu'à Paris, à Lyon et à Marseille, des machines de toutes sortes.

243. Les **machines** se fabriquent, pour la marine de l'Etat, à *Indret*, près de Nantes ; pour la marine marchande, au *Havre*, à *Bordeaux*, à *Nantes*, à la *Ciotat*, près de Marseille, et à la *Seyne*, près de Toulon.

244. Les fonderies de **canons** sont établies à *Bourges*, à *Ruelle* (Charente), à *Tarbes*, à *Toulouse*, à *Douai*, au *Creusot* (industrie privée, mais pour le compte de l'Etat) ; les fabriques d'**armes blanches**, à *Saint-Etienne*, à *Châtellerault* et à *Tulle*. La **coutellerie** a pour centres de fabrication *Châtellerault*, *Thiers*, *Langres*.

245. Industrie textile. — L'industrie textile s'exerce sur le coton, la laine, la soie, le lin et le chanvre.

246. Nous importons le coton surtout des Etats-Unis. Les principaux centres où l'on fabrique les **tissus de coton** ou cotonnades sont *Rouen*, *Lille*, *Roubaix*, *Amiens*, *Saint-Quentin*, *Tarare* (Rhône) et *Roanne*. Nous sommes loin de pouvoir lutter pour cet article avec *Manchester* (voir Angleterre), qui est sans rivale.

247. L'industrie des **tissus de laine** a pour centres principaux *Roubaix*, *Fourmies* (Nord), *Amiens*, *Rouen*, *Louviers*, *Elbœuf*, *Sedan*, *Reims*.

248. Les centres les plus importants de la fabrication des **tissus de soie** sont : *Lyon*, pour les étoffes, et *Saint-Etienne* pour les rubans.

249. L'industrie du **lin** s'exerce spécialement à *Lille*, et celle du chanvre au *Mans*.

On fabrique des **dentelles** à *Alençon*, *Caen*, *Bailleul* (Nord), dentelle dite Valenciennes, à *Calais*, *Saint-Quentin*, *le Puy*.

Les **tapis** sortent en majeure partie de la manufacture des *Gobelins*, à Paris, d'*Aubusson*, de *Beauvais* et de *Nîmes*.

250. Autres industries. — La **faïence** se fabrique à *Gien* (Loiret), à *Montereau* (Seine-et-Marne) et à *Creil* (Oise) ; la **porcelaine**, à *Limoges* et à la manufacture nationale de *Sèvres*, près de Paris ; la **cristallerie**, à *Baccarat* (Meurthe-et-Moselle) ; les **glaces**, à *Saint-Gobain* (Aisne) ; l'**horlogerie**, à *Besançon* ; les **savons**, à *Marseille*. L'industrie de la **pêche** occupe environ 85.000 marins pêcheurs en

bateau, et plus de 50.000 personnes qui pratiquent la pêche sur les grèves. Cette industrie produit plus de 100 millions par an.

COMMERCE

251. Le commerce intérieur. — Depuis l'établissement des chemins de fer, le transport des marchandises et des voyageurs et la somme des échanges, ont augmenté dans des proportions énormes. On peut évaluer à 85 milliards le **commerce intérieur**, d'après le montant des transports faits par les messageries, les chemins de fer et les canaux, les recettes d'octroi, etc.

252. Le commerce extérieur. — Le commerce extérieur comprend l'*importation*, c'est-à-dire l'introduction en France des marchandises achetées à l'étranger, et l'*exportation*, c'est-à-dire la sortie des marchandises vendues à l'étranger.

L'**importation** s'élève à 4 milliards et demi de francs, tandis que l'**exportation** n'atteint que 3 milliards et demi (1).

Il faut ajouter 1 milliard pour le *transit*, c'est-à-dire pour le transport des marchandises qui ne font que traverser la France. Le commerce international est donc de 9 milliards, sans compter celui des métaux précieux, qui s'élève à 1 milliard. Plus de la moitié du commerce extérieur de la France se fait par mer.

Il importe de remarquer que le mouvement des affaires est progressif. En 1830, la valeur des importations et des exportations atteignait à peine 1 milliard ; en 1850, elle était inférieure à 3 milliards ; aujourd'hui, elle atteint 10 milliards.

253. Importation. — Les principaux objets d'**importation** sont : le coton (Etats-Unis, Indes anglaises et Egypte), la soie (Italie, Chine et Japon), la laine (Australie, Russie et Angleterre), le lin (Russie), le café (Brésil), les épices (Iles de la Sonde), le fer (Espagne, Belgique, Allemagne et Algérie), le cuivre (Algérie, Chili et Pérou), le plomb (Angleterre et Espagne), l'étain (Angleterre et Hollande), les bois de construction (Suède, Autriche et Amérique), les peaux brutes (Turquie et Amérique du Sud), les graines et les racines oléagineuses (Sénégal, Guinée et Indes anglaises), les vins (Espagne et Italie).

254. Exportation. — Les principaux objets d'**exportation** sont : les tissus de soie, de laine, de coton, de lin, de chanvre, **et** les objets de luxe, connus dans le monde entier sous le nom d'*articles de Paris*. La France exporte en outre des produits chimiques, de la mercerie, des vins et eaux-de-vie, des produits alimentaires, des bestiaux, des œufs, du beurre. Quant aux *céréales*, le mouvement commercial est sujet à de grandes variations, dues au rendement plus ou moins abondant de nos contrées.

DEVOIRS
Sur les voies de communication, la défense militaire et la géographie économique.

1. Voyage en chemin de fer (grandes lignes) de Paris à Marseille. — Principales villes que vous rencontrez sur votre passage.
2. Mêmes voyages de Nancy à Brest, de Tours à Nîmes, etc.
3. Voyage par eau (mer, fleuve navigable ou canal) de Marseille à Nantes ; de Mâcon à Paris ; de Mézières à Orléans, etc.
4. Carte de France sur laquelle vous indiquerez les lignes de chemins de fer allant de Paris à l'Océan ; — en Espagne et à la Méditerranée, etc.
5. Carte de France où figureront la chaîne de partage des eaux et les canaux qui permettent d'aller par eau d'un versant à l'autre.
6. Carte de France où figureront les villes entourées de forts.
7. Voyage en bateau ou en chemin de fer, de V... à X..., vous énumérerez en passant les productions économiques des villes ou localités que vous rencontrez.
8. Devoir de révision portant sur toutes les parties de la géographie. — Vous supposerez que vous faites un voyage de telle ville à telle autre ville, en signalant ce que vous avez rencontré d'intéressant au point de vue de la géographie physique, de l'histoire, de l'industrie, etc.

1. Le même fait se produit aux *Etats-Unis* et dans tous les grands pays d'Europe, sauf l'*Allemagne* et l'*Autriche-Hongrie*.

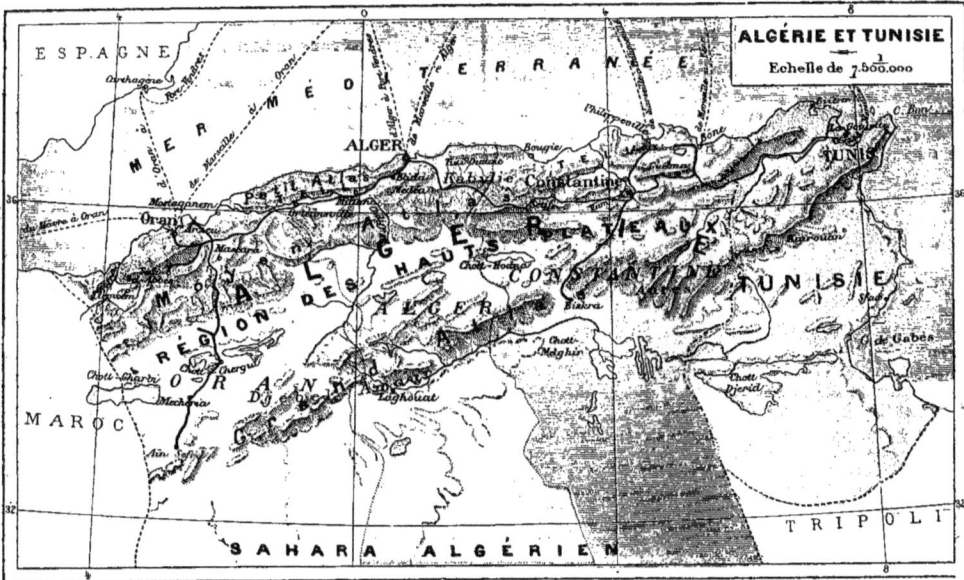

ALGÉRIE ET TUNISIE
Echelle de 7.500.000

CHAPITRE III

NOS COLONIES

I

L'ALGÉRIE

255. Bornes, étendue. — L'Algérie, située au nord de l'Afrique, a pour bornes : au nord la Méditerranée, à l'est la *Tunisie*, à l'ouest le *Maroc* et au sud le *Sahara*. Elle est un peu plus étendue que la France. Nous l'avons conquise de 1830 à 1848.

256. Côtes. — Les côtes, généralement rocheuses, souvent escarpées et inabordables en dehors des ports, sont assez régulières dans leur ensemble et ne présentent que des golfes et des caps d'importance secondaire.

257. Montagnes et cours d'eau. — L'Algérie, de même que le Maroc et la Tunisie, est couverte par le massif de l'Atlas, qui se partage en trois branches principales : le *petit*, le *moyen*, et le *grand Atlas*. Ce dernier atteint jusqu'à 2.000 m. d'altitude.

Parmi les cours d'eau de cette contrée, on distingue la *Tafna*, le *Chéliff* (650 km.), le *Rummel*.

258. Régions. — L'Algérie peut être divisée en trois régions : 1° au nord, le **Tell**, d'une fertilité étonnante ; 2° au centre, les **Hauts-Plateaux**, d'une altitude variant de 800 à 1000 m. et entre lesquels s'étendent de grands lacs salés appelés *Chotts* ; 3° au sud, le **Sahara algérien**, vaste désert semé d'oasis.

Il est à regretter que notre grande colonie manque d'eau ; la plupart de ses rivières, même le Chéliff, sont en effet à sec en été, et aucune d'elles n'est navigable ; les lacs eux-mêmes sont pour la plupart temporaires.

259. Climat, productions. — Chacune des trois régions a son climat et ses productions végétales caractéristiques.

Dans le Tell, le climat varie suivant l'altitude et l'exposition ; il est sec, sain, et convient aux Européens. La température, dont la moyenne est de +18°, est sujette à des variations considérables du jour à la nuit. A côté de nos céréales, on voit prospérer dans cette région, la vigne, l'olivier, l'oranger, le citronnier, le figuier, les légumineuses, le tabac ; les pentes portent le chêne-liège, le chêne-vert, le pin d'Alep et le cèdre ; dans les endroits marécageux, on plante l'eucalyptus.

Les *Hauts-Plateaux* ont un climat très variable, mais sain. En hiver le froid y est parfois très vif, et en été le thermomètre peut atteindre 50°. La culture et les forêts y sont inconnues ; mais, par contre, on y trouve d'immenses herbages qui nourrissent les troupeaux nomades du Sahara, et des espaces considérables couverts d'*alfa*, sorte de graminée textile qui sert à faire des cordes, des tapis et du papier.

Le **Sahara algérien**, au climat torride, mais sujet à de brusques variations de température, est encore imparfaitement connu ; sa stérilité proverbiale a pour unique cause le manque d'eau. On commence à remédier à cette situation en amenant à la surface des terres, à l'aide des puits artésiens, l'eau souterraine qui dans certains endroits est très abondante.

260. Outre le dromadaire, on élève en Algérie nos races d'*animaux domestiques*, qui en constituent un des principaux éléments de richesse. Parmi les *animaux sauvages*, on rencontre le lion, la panthère, l'hyène, le chacal, les antilopes, les gazelles, etc. Le criquet y cause parfois d'affreux ravages.

261. Le sol de notre vaste colonie est riche en *métaux :* fer, plomb, cuivre, zinc, antimoine, mercure ; on en extrait aussi du *sel* et du *marbre*, mais la *houille* y fait défaut. Le long de la côte on pêche le *corail*.

262. Races, langues, religions. — La population de l'Algérie est de 3.300.000 habitants dont plus des cinq sixièmes sont des indigènes répartis entre deux races principales : 1° les **Berbères** ou **Kabyles**, descendants des anciens habitants du pays ; ils sont sédentaires et fixés principalement sur les montagnes ; 2° les **Arabes**, venus de l'Asie du vii° au xii° siècle ; ils sont pour la plupart nomades. Les Européens établis en Algérie se chiffrent par près d'un demi-million, dont plus de la moitié sont Français. Il y a beaucoup d'Espagnols dans la province d'Oran, d'Italiens dans la province de Constantine. Quarante mille Israélites, naturalisés français, sont répandus un peu partout.

Le *français* est la langue officielle de ce pays, mais la langue arabe et la langue des *Berbères* y sont les plus répandues.

Les Kabyles et les Arabes sont *musulmans*.

263. Administration. — L'Algérie, à la tête de laquelle est placé un **gouverneur général** civil, est divisée en 3 départements comprenant chacun un *territoire civil* administré par un *préfet* et des *sous-préfets*, et un *territoire militaire* administré par un *général* faisant fonctions de préfet.

Départements.	Préfectures.	Sous-Préfectures.
264. Alger.....	Alger....	Médéa, Miliana, Orléansville, Tizi-Ouzou.
Oran.....	Oran.....	Mascara, Mostaganem, Sidi-bel-Abbès, Tlemcen.
Constantine..	Constantine..	Bône, Bougie, Guelma, Philippeville, Sétif, Batna.

265. Villes principales. — **Alger** (70.000 h.), siège du gouvernement, d'un archevêché, d'une cour d'appel, port situé au milieu de la côte algérienne, à 770 km. de Marseille, s'élève en amphithéâtre sur le penchant d'une colline. Alger fait un commerce important avec l'Europe.

Oran (60.000 h.), bâtie comme Alger, en amphithéâtre, est la première ville de commerce de l'Algérie. Oran exporte surtout de l'alfa, des céréales et des minerais.

Constantine (40.000 h.) est une place très forte, sur un plateau abordable d'un seul côté, et entourée presque totalement par le Rummel. C'est le principal marché des grains en Afrique.

266. Autres villes (1). — *Blida*, le pays des oranges. — *Médéa*, vins renommés. — *Mustapha*, à 2 km. d'Alger, école normale d'instituteurs.

Tlemcen fait un grand commerce avec le Maroc. — *Sidi-bel-Abbès*. — *Mostaganem*.

Bône, port vaste et commode au milieu d'un territoire fertile; commerce de grains et de corail. — *Philippeville*, port d'un accès difficile. — *Bougie*.

267. Industrie, commerce, voies de communication. — L'Algérie est moins industrielle qu'agricole; l'absence de houille empêche l'industrie métallurgique de s'y développer; mais le commerce y prend chaque année de l'extension; il s'élève à près d'un demi-milliard, dont les 4/5 avec la France. L'importation consiste surtout en tissus, vêtements, café, houille, objets fabriqués; l'exportation, en céréales, farines, bestiaux, laine, alfa, vin, dattes, vin de chemin de fer. L'Algérie a déjà 1.500 km. de chemins de fer; une voie ferrée va définitivement relier le *Maroc* à *Tunis*, en passant par *Oran*, *Alger*, *Constantine*. Deux câbles sous-marins unissent *Marseille* à *Alger* et à *Bône*.

268. Les grandes voies de navigation. — Marseille est le point de départ principal des navires qui, passant par le canal de Suez et Aden, se rendent : 1° à *Bombay* (20 jours, 2.200 lieues): 2° dans la *Cochinchine*, le *Tonkin* et la ville de *Chang-Haï*; 3° à l'île de la *Réunion* et à *Madagascar*; 4° à *Pondichéry*; 5° à *Melbourne*, *Sidney* et la *Nouvelle-Calédonie*.

Bordeaux est le point de départ pour *Lisbonne*, le *Sénégal*, *Rio-de-Janeiro* et *Buénos-Ayres* (25 jours, 2.900 lieues).

Saint-Nazaire est le point de départ des navires qui se rendent à la *Guadeloupe* et à la *Martinique*, ainsi qu'à *Colon*, dans l'isthme de Panama (22 jours).

Le Havre et *Liverpool* (Angleterre) sont les principaux points de départ pour *New-York* (12 jours, 150 lieues).

Dans l'océan Pacifique, les grandes voies de navigation sont : 1° celles de Panama à *Valparaiso* (Chili), à *Sidney*, à *Yokohama* et à *San-Francisco*; 2° celles de San-Francisco à *Sidney* et à *Yokohama*.

Le chemin de fer **transcontinental** qui relie *San-Francisco* à *New-York*, joue un grand rôle dans la navigation maritime.

1. Ces villes ont de 10.000 à 20.000 habitants.

II
AUTRES COLONIES FRANÇAISES

EN AFRIQUE

269. La Tunisie, placé sous notre protectorat depuis 1881 (2.100.000 h.), est une monarchie héréditaire dont le souverain, qui porte le nom de *bey*, gouverne sous la direction d'un *résident général* français. Ce pays offre une grande ressemblance avec l'Algérie. La production du blé y est considérable; l'olivier y est prospère et la vigne s'y acclimate à merveille. La capitale **Tunis** (130.000 h.), non loin de l'emplacement de *Carthage* et à quatre lieues de la Méditerranée, communique avec cette mer par le canal de la *Goulette*, terminé par le port du même nom. *Kairouan*, rendez-vous des caravanes du Soudan, est une des villes saintes des musulmans.

270. Le Sénégal comprend, outre plusieurs petits États nègres qui nous sont soumis, la colonie proprement dite, située sur la côte et le long de la rive gauche du fleuve *Sénégal* jusqu'au *Niger* (200.000 h. dont 3.000 Européens), dans un pays dont l'étendue est double de celle de la France et la population de 2 millions de nègres. La colonie nous appartient depuis le XVIIᵉ siècle. Chef-lieu **Saint-Louis** (20.000 h.), résidence du gouverneur, dans une île du fleuve. *Dakar* est un port de relâche. Une ligne de chemin de fer relie ces deux villes.

271. Le commerce de la colonie prend de l'extension depuis que des rapports ont été établis avec le *Soudan;* il consiste surtout en exportations d'arachide, de gomme, de peaux et de plumes. Malheureusement le climat du Sénégal est défavorable aux Européens, et la fièvre jaune y fait souvent de nombreuses victimes.

272. Le Congo est une de nos colonies et le **Gabon** est placé sous notre protectorat. La première prise de possession de ces pays remonte à 1843; c'est une contrée plus vaste que la France, peuplée d'environ 3 millions de nègres fétichistes, idolâtres et qui comprend le bassin de l'*Ogooué* et la rive droite du *Congo* sur une grande longueur. La France vient d'établir son protectorat sur cette dernière contrée, grâce aux persévérants efforts de M. de *Brazza*, actuellement gouverneur des deux pays désignés ensemble sous le nom d'*Ouest africain*. C'est une contrée riche en productions naturelles non encore exploitées et un futur débouché à notre exportation. Stations principales : *Franceville*, *Brazzaville*.

273. L'île de la Réunion, colonie (180.000 h. dont 30.000 blancs ou créoles), anciennement île *Bourbon*, appartient à la France depuis le XVIIᵉ siècle; elle jouit d'un climat varié et salubre, mais elle est souvent dévastée par des cyclones. La ceinture comprise entre la mer et le centre montagneux et volcanique est d'une fertilité remarquable. Le sucre, la vanille, le rhum y font l'objet d'une exportation très importante. Le chef-lieu **Saint-Denis** (32.000 h.) est le siège d'une cour d'appel, d'un évêché; il y a aussi un lycée. *Saint-Pierre* est le principal port.

274. L'île de Madagascar, placée sous notre protectorat depuis le XVIIᵉ siècle, a été l'objet d'un nouveau traité en 1885; cette île, à 100 lieues du continent africain, a une superficie équivalente à celle de la France et une population évaluée à 3 millions d'habitants. Les *Hovas* habitent l'intérieur et dominent sur le reste de l'île, qui est habitée par les *Malgaches*, cultivateurs doux et hospitaliers et les blancs, mulâtres et métis. L'île de Madagascar, riche en forêts et en minéraux de toute sorte, a pour capitale **Tananarive** (70.000 h.). Le port de *Tamatave* est la résidence des consuls européens.

275. Les îles : **Sainte-Marie de Madagascar**, colonie; **Nossi-bé**, colonie; **Mayotte**, colonie; et l'archipel des **Comores**, sur lequel

COLONIES FRANÇAISES
— ⋆⋆ —
GRANDES VOIES DE NAVIGATION

Colonie française
Ligne de navigation ⋯⋯⋯

Paris _ J. Sonnet, Sc.

s'étend notre protectorat, peuvent servir d'abri à nos navires de guerre ; elles exportent les mêmes denrées que l'île de la *Réunion*.

EN ASIE

276. L'Inde française est une colonie (275.000 h.). Au xviii siècle, la France était sur le point de posséder l'*Inde* presque entière ; aujourd'hui elle n'a plus que les cinq territoires de *Pondichéry, Karikal, Yanaon, Chandernagor* et *Mahé*. — **Pondichéry** (40.000 h.), chef-lieu de nos établissements dans l'Inde, est le siège d'une cour d'appel. Le quartier appelé *ville blanche*, bâti à l'européenne, est peuplé de 2.000 Européens.

Les exportations consistent surtout en arachides, en coton et en étoffes.

277. L'Indo-Chine française, dont la superficie est équivalente à celle de la France, et la population évaluée à 18 millions d'habitants de race jaune, *Annamites* et *Chinois*, comprend :
1° **La Cochinchine** (1.700.000 h. dont 2.000 Européens), conquise en 1860 ; c'est un pays plat, marécageux, sillonné de nombreux canaux naturels. Au point de vue de l'importance, c'est la seconde de nos colonies et la seule qui suffise aux frais de son administration. Le chef-lieu **Saïgon** (25.000 hab.) est un port excellent sur la rivière du même nom, à 70 kilomètres de la mer, mais accessible aux plus gros bâtiments. —
2° **Le royaume de Cambodge** placé sous notre protectorat depuis 1863. — 3° **L'empire d'Annam**, et 4° **le Tonkin**, les deux placés sous notre protectorat et peuplés de 15 millions d'habitants ; ils sont réunis sous l'administration d'un résident général à **Hué**, capitale de l'Annam, ville de 50.000 h., à trois lieues de la mer. **Hanoï** (120.000 h.) est la possession du Tonkin. La conquête du Tonkin et le protectorat d'Annam nous ont été assurés en 1885.

278. Les principales productions de l'Indo-Chine sont le riz, le maïs, le manioc, les épices, le sucre, le coton, l'indigo. Au *Tonkin* et dans l'empire d'*Annam*, on exploite le fer, le cuivre, l'étain et le charbon. Toutes ces matières font l'objet d'exportations considérables ; par contre, l'*Indo-Chine* reçoit les cotonnades, les soieries, les fers travaillés, les vins, les liqueurs et les comestibles de l'Europe, le thé de la Chine et l'opium de l'Inde.
Nos colonies des Indes nous fournissent par an pour 16 millions de marchandises.

EN OCÉANIE

279. La Nouvelle-Calédonie, colonie acquise en 1853 (57.000 h.), a pour chef-lieu **Nouméa**. C'est une région montagneuse, fertile, au climat relativement tempéré et salubre, riche en minéraux : or, fer, cuivre, plomb, surtout en nickel, et produisant le maïs, la canne à sucre, le tabac, le café. On y déporte les condamnés aux travaux forcés. Les indigènes, appelés *Canaques*, sont sauvages et féroces.

280. Polynésie. — Nous possédons, dans la *Polynésie*, cinq groupes d'îles peu étendues, mais bien situées pour notre commerce, et dont l'importance, déjà grande au point de vue stratégique, augmentera considérablement après le percement de l'isthme de *Panama*.
281. Les principaux de ces groupes sont : les îles **Marquises**, de formation volcanique, à égale distance de l'Australie et de l'Amérique ; l'île de **Taïti**, dans l'archipel de la Société, également de formation volcanique, peuplée de 26.000 habitants, dont un millier d'Européens et jouissant d'un climat délicieux, d'un printemps perpétuel ; les îles **Gambier**, riches en nacre.

EN AMÉRIQUE

282. La Guyane française nous appartient depuis le xviie siècle (26.000 h. dont 2.000 blancs). Un dixième seulement du territoire est livré à l'exploitation ; le reste est occupé par des forêts vierges où se rencontrent les bois les plus rares : acajou, palissandre, ébène, bois de rose, cèdre noir, etc. On tire aussi de cette contrée de l'or, du café, des clous de girofle. Le climat insalubre y est un obstacle à la colonisation. La France y relègue les forçats algériens et ceux de race noire. **Cayenne** (8.000 h.), chef-lieu, résidence du gouverneur, ville construite en bois dans une île, est le seul endroit de la côte accessible aux navires. C'est un lieu de déportation.

283. Dans les *Petites Antilles*, nous possédons la **Martinique** (170.000 h.), la **Guadeloupe** (180.000 h.) et quelques autres petites îles conquises vers le milieu du xviie siècle. Toutes ces îles ont une certaine analogie avec l'île de la *Réunion*, sous le rapport du sol, du climat et des productions ; les ouragans et les tremblements de terre y causent souvent de grands ravages. La population, considérable par rapport à l'étendue du territoire (350.000 h. pour une surface totale qui représente à peine la

moitié d'un de nos départements), comprend seulement un cinquième de blancs.

Après l'Algérie, la Martinique et la Guadeloupe sont celles de nos colonies qui nous rapportent le plus; chacune d'elles nous fournit par an pour 17 millions de marchandises : sucre, cacao, campêche, eaux-de-vie, oiseaux, fruits conservés.

284. La Martinique forme à elle seule un gouvernement qui a pour chef-lieu **Fort-de-France** (15.000 h.), siège de la cour d'appel. AUTRE VILLE : *Saint-Pierre* (24.000 h.), évêché, principal centre du commerce des Antilles françaises. — La **Guadeloupe** et les autres îles forment un second gouvernement qui a pour chef-lieu **Basse-Terre** (15.000 h.), siège de la cour d'appel et d'un évêché. — *Pointe-à-Pitre* (17.000 h.), bon port de commerce, est la ville la plus importante de la Guadeloupe.

285. Saint-Pierre et **Miquelon** ont 6.000 h., tous d'origine française, et occupés spécialement à la pêche de la morue (sur les bancs voisins et principalement sur celui de *Terre-Neuve*) et à la préparation de ce poisson, qui fait l'objet d'un commerce de 15 millions de francs par an.

Statistique générale de nos colonies.

286. Superficie de nos **colonies**, en kilomètres carrés : 2.000.000. — Population : 22.000.000. — Commerce extérieur annuel : 474 millions dont plus de 100 avec la France. L'Algérie et la Tunisie ne sont pas comprises dans cette statistique.

DEVOIRS

1. Carte physique de l'Algérie : côtes, montagnes, cours d'eau, régions.
2. Carte administrative de l'Algérie : départements, villes principales.
3. Carte de l'Afrique où seront indiquées les colonies françaises.
4. Tableau de nos colonies d'Afrique offrant les renseignements suivants :

Nom.	Situation.	Chef-lieu.	Villes principales.	Productions exportées.

5. Même travail pour des colonies d'Asie.
6. Carte de l'Asie et de l'Océanie, où seront indiquées les colonies françaises.
7. Tableau de nos colonies d'Océanie et d'Amérique, analogue à celui du numéro 4.
8. Mappemonde où seront indiquées les colonies françaises.
9. Voyage autour du monde. — Principales villes. — Lignes de navigation.
10. Voyage dans les colonies françaises.

CHAPITRE IV

EUROPE [1]

I

EUROPE PHYSIQUE

287. Étendue et population. — L'Europe fait partie de l'ancien continent. Bien qu'elle soit la plus petite des cinq parties du monde, elle l'emporte sur les autres par son degré de civilisation, sa richesse, ses institutions et les progrès incessants qu'elle réalise dans l'industrie, le commerce et l'agriculture. On y compte 330 millions d'habitants, répartis sur une surface de 11 millions de kilomètres carrés.

288. Bornes. — L'Europe est bornée : au nord, par l'océan *Glacial arctique;* à l'est, par les monts *Oural*, le fleuve *Oural* et la mer *Caspienne;* au sud, par le *Caucase*, la mer *Noire*, la mer de *Marmara*, l'*Archipel*, la *Méditerranée* et le détroit de *Gibraltar;* à l'ouest, par l'océan *Atlantique*.

CÔTES DE L'EUROPE

289. Côtes septentrionales. — La côte septentrionale est baignée par l'océan *Glacial*, qui forme la mer **Blanche**, sorte de golfe qui pénètre dans la Russie et reste gelé pendant huit mois de l'année.

1. Les maîtres jugeront sans doute utile de faire apprendre à leurs élèves, dès à présent, les notions de cosmographie que nous avons placées à la fin du volume, pour ne pas interrompre le cours de l'ouvrage.

L'île principale de l'océan Glacial est la **Nouvelle-Zemble**, appartenant à la Russie.

290. Côtes de l'océan Atlantique. — L'océan Atlantique baigne le nord-ouest et l'ouest de l'Europe, depuis le cap *Nord* jusqu'au détroit de *Gibraltar*.

291. Les mers secondaires et les principaux golfes formés par l'océan Atlantique sont : la **mer du Nord**, la Baltique, dont le fond s'exhausse chaque année et qui forme les golfes de *Bothnie*, de *Finlande* et de *Riga;* la Manche, la mer d'Irlande et le golfe de Gascogne.

292. Les îles et presqu'îles sont la péninsule *Scandinave*, la presqu'île du *Jutland;* les îles *Lofoden*, à la Suède; les îles danoises, entre autres *Seeland* et *Fionie;* les îles Britanniques, *Grande-Bretagne* et *Irlande;* les îles *Fœr-oer* et l'*Islande*, appartenant au Danemarck. — Les principaux caps sont : le cap *Lands-End*, au sud-ouest de l'Angleterre, le cap *Finistère* et le cap *Saint-Vincent*, à l'ouest de la péninsule Ibérique. — Les principaux détroits sont : le *Skager-Rack*, le *Cattégat*, le *Sund*, entre la Baltique et la mer du Nord; le *Pas-de-Calais;* le canal de *Saint-Georges*, entre la mer d'Irlande et l'Océan.

293. Côtes de la Méditerranée. — La Méditerranée forme les golfes du *Lion* et de *Gênes;* la mer **Tyrrhénienne;** la mer **Ionienne;** la mer **Adriatique**, qui communique avec la mer Ionienne par le canal d'*Otrante;* l'*Archipel;* la mer de **Marmara**, dans laquelle on arrive par le détroit des *Dardanelles*.

294. Au sud de la Russie s'étend la mer **Noire**, qui communique avec la mer de Marmara par le *Bosphore*, avec la mer d'**Azov**, par le détroit d'*Iéni-Kalé;* au sud-est, la mer **Caspienne**, immense lac salé, qui ne communique avec aucune autre mer.

295. Les îles sont nombreuses dans les mers méridionales : les *Baléares* appartiennent à l'Espagne; la *Corse*, à la France; la *Sardaigne* et la *Sicile*, à l'Italie; *Malte*, à l'Angleterre; l'île de *Candie* ou de *Crète*, à la Turquie; les îles *Ioniennes* et les *Cyclades*, à la Grèce.

296. Trois grandes péninsules s'avancent dans la Méditerranée entre les mers secondaires. Ce sont : la péninsule Ibérique, l'Italie, la Grèce, terminée par la presqu'île de *Morée* et le cap *Matapan*.

OROGRAPHIE ET HYDROGRAPHIE DE L'EUROPE

297. Relief du sol. — Considérée dans son ensemble, l'Europe se divise naturellement en deux grandes parties : au nord, la basse Europe; au sud, la haute Europe.

298. La première forme une immense plaine basse, où dominent seulement les *Alpes Scandinaves*, dont le point culminant a 2.500 m.; les monts *Grampians*, en Angleterre, qui atteignent 1.300 m.; et en Russie, le plateau de *Valdaï*, qui s'élève à 350 m. Cette partie de l'Europe comprend la Russie, le nord de l'Allemagne, la Suède, le Jutland, la Hollande, la Belgique, le nord-ouest de la France, l'Angleterre et l'Irlande.

299. La seconde présente des régions montagneuses; elle comprend une partie de la France, la Suisse, l'Italie, une grande portion de l'Allemagne et de l'Autriche et les trois péninsules méridionales.

300. Les principales montagnes de l'Europe sont : les **Alpes**, entre la France et l'Italie, dont le point le plus élevé, le mont *Blanc*, atteint 4.810 m.; les **Pyrénées**, entre la France et l'Espagne, d'une altitude maximum de 3.400 m.; le **Massif central** et les **Vosges**, en France; les **Apennins**, dans l'Italie; les **Karpathes** et les monts de Bohême, en Autriche; les **Balkans**, en Turquie; le **Caucase**, entre la mer Noire et la mer Caspienne; les monts Ourals; les **Alpes Scandinaves;** les monts **Grampians;** la **Sierra-Morena** et la **Sierra-Nevada**, en Espagne.

A part les Alpes et les Pyrénées, ces montagnes ont une altitude qui varie entre 1.500 m. et 3.000 m., sauf un pic dans la *Sierra-Nevada* qui atteint 3.500 m. et le mont *Elbrouz*, dans le Caucase, dont le sommet dépasse 5.600 m. du côté de l'Asie.

301. Volcans. — On trouve en Europe trois volcans : le Vésuve près de Naples, en Italie; l'Etna, en Sicile; l'Hécla, en Islande.

302. Ligne de partage des eaux. — On divise l'Europe en deux versants principaux, l'un vers le nord-ouest (océan Glacial et océan Atlantique), l'autre vers le sud-est (Méditerranée, mer Noire et mer Caspienne).

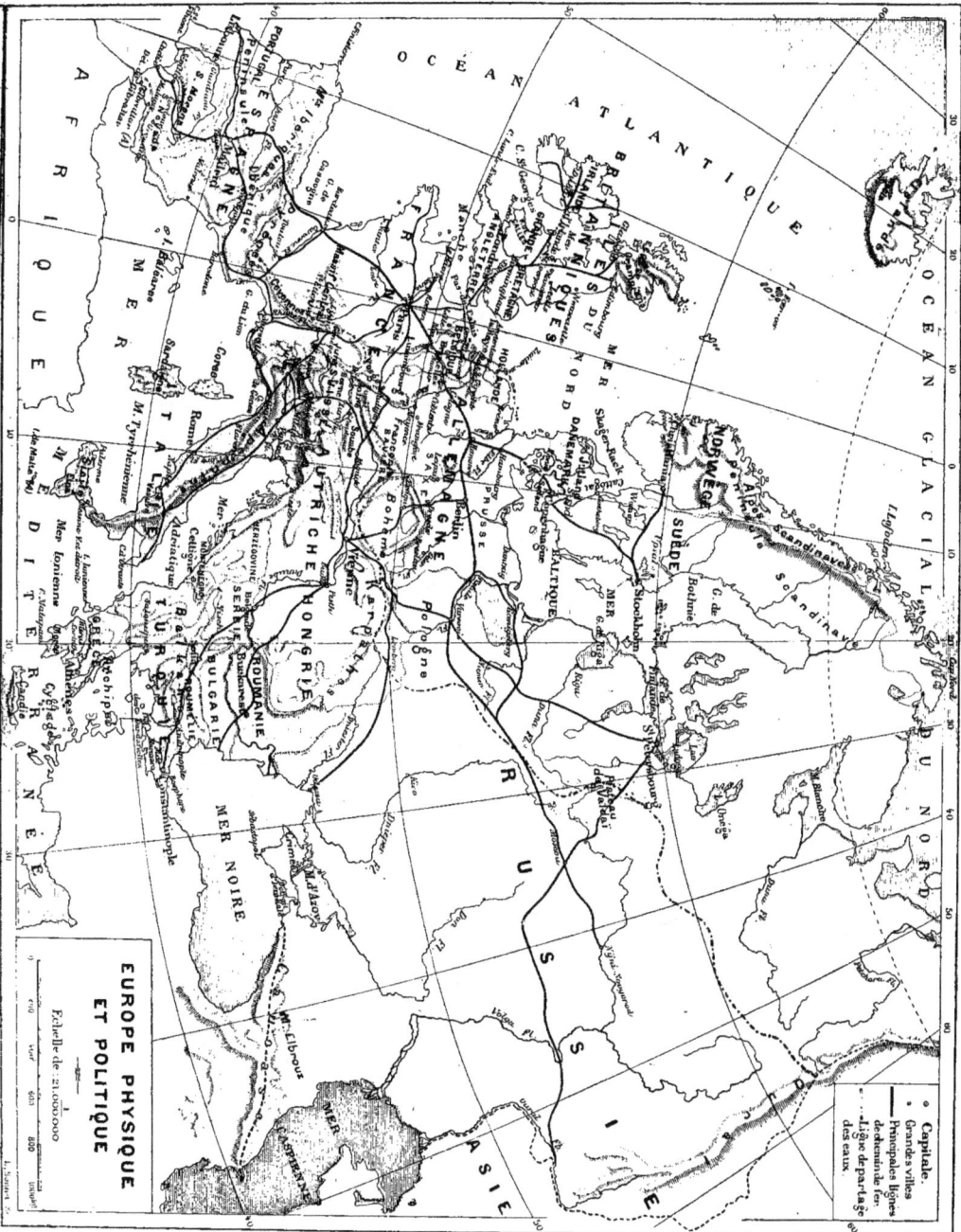

EUROPE PHYSIQUE
ET POLITIQUE

Échelle de 1/21.000.000

• Capitale.
• Grandes villes
— Principales lignes
de chemin de fer.
····· Ligne de partage
des eaux

303. Les principales hauteurs qui forment la ligne de partage des eaux sont : du nord-est au sud-est, les monts *Ourals*, le plateau de *Valdaï*, de faibles ondulations dans les plaines basses de *Russie* et de *Pologne ;* les monts *Karpathes* septentrionaux, les monts de *Bohême*, de *Franconie* et de *Souabe*, la *Forêt-Noire*, les *Alpes*, le *Jura*, les *Cévennes,* la mer *Blanche*, la *Dwina*.

304. **Fleuves du versant nord-ouest.** — L'océan **Glacial** reçoit la *Petchora ;* la mer *Blanche,* la *Dwina*.

305. La **Baltique** reçoit, outre divers torrents venant de la Suède, la *Néva*, déversoir des lacs Onéga et Ladoga ; la *Duna ;* le *Niémen,* fleuve encaissé et ombragé de noires forêts de sapins ; la *Vistule* et l'*Oder*, au cours lent et favorable à la navigation.

306. Dans la mer du Nord se jettent : l'*Elbe ;* le *Wéser ;* le *Rhin,* qui, en Hollande, confond ses eaux avec celles de la Meuse ; l'*Escaut ;* la *Tamise*.

307. L'océan **Atlantique** reçoit, outre quelques cours d'eau de l'Angleterre, la *Seine*, la *Loire*, la *Garonne*, le *Douro*, le *Tage*, la *Guadiana* et le *Guadalquivir*.

308. **Fleuves du versant sud-est.** — La mer **Méditerranée** reçoit l'*Ebre* et le *Rhône*.

309. Dans la mer **Tyrrhénienne** se jette le *Tibre*, qui passe à Rome où il produit parfois de terribles inondations.

310. L'**Adriatique** reçoit le *Pô* et l'*Adige*.

311. La mer **Noire** reçoit : 1° le fleuve le plus important de l'Europe au point de vue du commerce, le *Danube* (2.800 k.; seul en Europe le cours du Volga est d'une longueur supérieure), dont le lit n'a pas moins de 10 à 20 kilomètres avant que le fleuve se divise à son embouchure ; 2° le *Dniester ;* 3° le *Dniéper* (2.000 km.).

312. Le *Don* ensable lentement la mer d'**Azov**.

313. Dans la mer **Caspienne** se jettent deux grands fleuves russes : l'*Oural*, venant des monts Ourals, et le *Volga*, sortant du plateau de Valdaï. Ce dernier est le fleuve le plus long de l'Europe (3.900 km.). A son embouchure, il se divise en plusieurs bras et forme un delta avec les débris qu'il entraîne.

314. Il est du reste digne de remarque que tous les fleuves de la Méditerranée forment des deltas. L'absence de marée dans cette mer est la cause de cet ensablement.

315. **Lacs.** — Les principaux lacs de l'Europe sont : le lac *Wener*, en Suède ; les lacs *Onéga* et *Ladoga*, en Russie ; les lacs de *Constance* et de *Genève* en Suisse ; les lacs *Majeur* et de *Garde*, en Italie.

II

EUROPE POLITIQUE

Contrées du Nord

ANGLETERRE

316. L'**Angleterre** (35 millions d'habitants) s'appelle aussi **Iles-Britanniques** ou **Royaume-Uni de Grande-Bretagne et d'Irlande**. C'est une monarchie constitutionnelle comprenant : l'*Angleterre*, le pays de *Galles*, l'*Ecosse* et l'*Irlande*. — La capitale est **Londres** (près de 4 millions d'habitants), sur la Tamise, la ville la plus peuplée du globe ; les rues en sont généralement humides et sombres, sauf dans la *Cité*, qui est bien percée. Londres est la ville la plus riche et le premier port de commerce du monde. — AUTRES VILLES : *Liverpool* (550.000 hab.) est le deuxième port de commerce du monde ; les vaisseaux y apportent surtout des cotons, des laines et des cuirs ; *Manchester* (520.000 hab.) est le centre de l'industrie du coton ; *Glasgow* (510.000 hab.), en Ecosse, grand port de commerce et centre manufacturier, construit des navires ; *Birmingham* (400.000 hab.) est le centre de l'industrie du fer ; *Dublin*, la capitale de l'Irlande ; *Leeds* (250.000 hab.), la métropole de l'industrie des lainages, de la draperie ; *Newcastle* (210.000 hab.), exploite des mines de houille ; *Bristol* (200.000 hab.) est un port commerçant et *Edimbourg*, la capitale de l'Ecosse.

317. L'Angleterre est la plus grande puissance maritime du globe ; elle a de riches colonies dans toutes les parties du monde ; leur population est supérieure à 220 millions d'habitants. Le climat de l'Angleterre est brumeux, le sol humide et médiocrement fertile, mais très bien cultivé. Des richesses minérales considérables, des mines de houille,

des mines de fer, de plomb, de cuivre et d'étain favorisent le développement progressif de l'industrie.

DANEMARK

318. **Le Danemark** n'a plus que 2 millions d'habitants. En 1864, la Prusse n'a laissé à ce petit royaume que le Jutland et les îles voisines, principalement *Séeland* et *Fionie*. La capitale, **Copenhague** (270.000 hab.), port dans l'île de Séeland, est une place très forte qui fait le commerce de chevaux et de bœufs. L'Islande appartient au Danemark.

319. Dans les deux tiers de la superficie du Danemark, la végétation se montre très vigoureuse, en raison de l'humidité de l'atmosphère jointe à la douceur de la température ; on y élève d'excellent bétail.

SUÈDE ET NORWÈGE

320. **La Suède et la Norwège** (6 millions d'hab.) sont des contrées froides, incultes sur beaucoup de points, vers le nord. Il n'y a qu'un seul roi, mais une administration distincte pour chacune des deux contrées. **Stockholm** (180.000 hab.), capitale de la Suède, est un port militaire et marchand, sur la Baltique ; c'est une belle ville, bien bâtie, dans un site agréable. — *Gœtheborg* est le deuxième port de commerce de la Suède ; *Upsal*, jolie ville, ancienne capitale de la Suède, possède une université célèbre et une belle cathédrale avec les tombeaux des rois. — La capitale de la Norwège est **Christiania** (80.000 hab.), port sur le *Skager-Rack*.

321. La Suède et la Norwège portent aussi le nom de **Scandinavie** ; on y trouve des mines d'argent, de cuivre, de fer très estimées. On s'y occupe surtout de l'exploitation des forêts et de la pêche ; l'instruction y est très développée.

Contrée de l'Est

RUSSIE

322. **La Russie** (85 millions d'hab.) est un empire immense qui occupe la moitié de l'Europe. Le souverain, dont le pouvoir est absolu, porte le titre de *czar ;* il est en même temps chef de la religion. La capitale, **Saint-Pétersbourg** (900.000 hab.), une des plus belles villes de l'Europe, a été fondée par Pierre-le-Grand, en 1703, au milieu de marais presque inhabités, sur les bords de la Néva. AUTRES VILLES : *Moscou* (750.000 hab.), la capitale religieuse de la Russie, a été occupée en 1812 par les Français. Cette grande ville de commerce doit au nombre, à la forme et aux couleurs des dômes et de ses coupoles un aspect qu'ont seules les villes de l'Orient ; *Varsovie* (400.000 hab.), sur la Vistule, est l'ancienne capitale de la Pologne ; *Riga* est un port de la Baltique ; *Odessa*, un port de mer de la mer Noire, qui fait une exportation considérable de blé ; *Sébastopol*, place très forte de la Crimée, a été prise en 1855 par les Français et les Anglais.

323. Le nord de la Russie subit les rigueurs d'un climat très froid ; le centre se couvre en été de riches moissons de blé ; le sud a en outre d'innombrables troupeaux. La région de l'*Oural* renferme d'abondantes mines de fer, de cuivre et même des gisements aurifères.

Contrées du Centre

ALLEMAGNE

324. Dans le nord de l'Allemagne s'étaient formés, au moyen-âge, divers Etats. La Prusse, devenue un royaume en 1700, s'agrandit au XVIIIe siècle, mais elle fut démembrée par Napoléon Ier. Reconstituée en 1815, elle triompha de l'Autriche en 1866 et en 1871, après ses victoires sur la France, le roi de Prusse a rétabli à son profit l'empire d'Allemagne.

325 **L'Empire d'Allemagne** (45 millions d'habitants) comprend : 1° l'ancien royaume de Prusse, divisé en 8 provinces ; 2° les vingt Etats de l'Allemagne du Nord ; 3° les quatre Etats de l'Allemagne du Sud ; 4° l'Alsace-Lorraine.

326. **Berlin** (1 million d'hab.), capitale de l'empire d'Allemagne et du royaume de Prusse, sur la Sprée, au milieu de plaines sablonneuses et monotones, est une ville moderne qui n'avait que 6.000 habitants, il y a deux siècles ; aujourd'hui, c'est un grand centre industriel et scien-

tifique. Les Français l'ont occupée en 1806. — Les autres grandes villes sont : *Hambourg* (450.000 hab.), ville libre, sur l'Elbe ; le premier port de l'Allemagne et de l'Europe continentale ; grand entrepôt de denrées coloniales ; *Breslau* (270.000 hab.), sur l'Oder, qui renferme de grandes manufactures de drap, des fonderies de canons et fait le commerce de laines et de grains ; *Dantzig* (110.000 hab.), port à l'embouchure de la Vistule ; *Kœnigsberg* (150.000 hab.), place forte et port sur la Baltique ; *Dresde* (200.000 hab.), capitale de la Saxe ; *Leipzig* (120.000 hab.). qui possède de grandes imprimeries et où fut livrée la bataille dite *des Nations ; Brême,* port et ville libre sur le Weser ; *Hanovre ; Cologne* (152.000 hab.) ; *Mayence ; Coblentz,* sur le Rhin ; *Francfort-sur-le-Mein,* où a été signé le traité de paix qui suivit la guerre franco-allemande ; *Stuttgart,* capitale du royaume de Wurtemberg ; *Munich* (236.000 h.), capitale de la Bavière.

327. L'Allemagne est sillonnée par un grand nombre de chemins de fer ; elle a d'importantes mines de houille et de fer, de vastes forêts ; l'agriculture y a pris un grand développement. La population augmente rapidement dans cette contrée ; aussi beaucoup d'Allemands émigrent-ils tous les ans vers l'Amérique du Nord. — L'empire allemand n'a presque point de colonies, mais il essaie d'en fonder.

AUTRICHE-HONGRIE

328. **L'Empire d'Autriche-Hongrie** (39 millions d'hab.) comprend l'*Autriche* proprement dite, la *Hongrie* et la *Bohême ;* la capitale, **Vienne** (1.200.000 hab.), sur le Danube, est une ville riche, un centre industriel dont les produits se distinguent par l'élégance et le bon goût ; on y admire de nombreux palais princiers et de magnifiques établissements littéraires. — Les autres grandes villes sont : *Buda-Pesth* (370.000 hab.), sur les deux rives du Danube, capitale de la Hongrie ; centre de commerce agricole et de nombreuses industries ; *Prague* (300.000 hab.), capitale de la Bohême, place forte, grande et belle ville, centre du commerce et de l'industrie de la province ; *Trieste* (130.000 h.), le port le plus important de l'Autriche, sur l'Adriatique ; *Lemberg* (110.000 hab.).

329. L'Autriche renferme de vastes et magnifiques forêts, des mines de fer, de cuivre, d'étain et de plomb ; on y trouve aussi d'abondantes mines de sel gemme. La Hongrie produit du blé en quantité considérable.

SUISSE

330. **La Suisse ou Confédération Helvétique** (3.000.000 d'hab.) est une petite république fédérative formée par 22 cantons, VILLES PRINCIPALES : *Zurich* (76 000 hab.), la première ville industrielle de la Suisse, fabrique surtout des soieries et construit des machines ; *Genève* (70.000 hab.), près de la frontière française, fabrique et exporte de la bijouterie, de l'horlogerie et des soieries ; *Bâle* (60.000 hab.), sur le Rhin, est une ville industrielle et commerçante ; *Berne* (36.000 hab.) est la capitale fédérale ; *Neufchâtel*, près du lac du même nom, fait de l'horlogerie et des fromages.

331. La Suisse est un pays célèbre par la beauté de ses montagnes, de ses vallées et de ses glaciers ; elle est visitée chaque année par de nombreux touristes.

BELGIQUE

332. **La Belgique** (5 millions d'hab.), indépendante depuis 1830, forme un royaume constitutionnel. La capitale, **Bruxelles** (170.000 hab.),

est une ville dont les faubourgs renferment de nombreuses manufactures. Les autres villes principales sont : *Anvers* (190.000 hab.), à l'embouchure de l'Escaut, un des premiers ports de commerce du monde ; *Gand* (140.000 hab.), centre belge de la fabrication des cotonnades et des toiles ; *Liège* (130.000 hab.), qui fabrique des armes ; *Namur*, place forte ; *Mons*, dans un vaste bassin houiller.

333. Ce pays est riche en mines de houille ; l'agriculture, comme l'industrie, y a pris un grand développement. C'est, relativement à son étendue, la contrée la plus peuplée de l'Europe.

HOLLANDE

334. **La Hollande** (4 millions d'hab.) est une monarchie constitutionnelle. Contrée basse et marécageuse (appelée aussi **Pays-Bas**), elle doit sa prospérité plutôt au commerce et à l'agriculture qu'à l'industrie. Plusieurs parties de la Hollande sont protégées contre l'océan par des digues. La capitale, **La Haye** (130.000 hab.), est une jolie ville moderne, à 3 km. de la mer du Nord. La plus grande ville est *Amsterdam* (350.000 hab.), sur le Zuyderzée, capitale industrielle et commerciale de la Hollande. Parmi les autres villes on remarque *Rotterdam*, sur la Meuse, et *Utrecht*.

Le Grand-Duché de **Luxembourg**, capitale *Luxembourg*, forme un État neutre, sous la souveraineté du roi de Hollande.

335. Les Pays-Bas ont d'importantes colonies dans la *Malaisie*, notamment les îles de la *Sonde*.

Contrées du Sud

PORTUGAL

336. **Le Portugal** (4 millions d'hab.) voit sa population s'accroître lentement, à cause des nombreuses émigrations au Brésil. Le gouvernement de ce pays est une monarchie constitutionnelle. La capitale **Lisbonne** (250.000 hab.) domine une rade admirable et un beau port, à l'embouchure du Tage ; *Porto* (100.000 hab.), sur le Douro, seconde ville du pays par son commerce et sa population, exporte des vins très estimés.

337. Le Portugal, riche en vins et en mines, fait un commerce important avec l'Afrique ; il possède des colonies en Afrique, en Asie et en Océanie.

Rome.

ESPAGNE

338. **L'Espagne** (17 millions d'hab.) est une monarchie constitutionnelle. La capitale, **Madrid** (400.000 hab.), est une belle ville régulièrement construite où l'on remarque le palais royal, l'amphithéâtre pour les courses de taureaux et d'anciens monuments. Les autres villes importantes sont : *Barcelone* (250.000 hab.), le port le plus important de l'Espagne et un des premiers de la Méditerranée ; c'est aussi la ville la plus industrielle et la plus commerçante de la péninsule ; *Saragosse*, sur l'Ebre, qui soutint un siège célèbre en 1809 ; *Valence* (150.000 hab.), dans une campagne très bien cultivée ; *Alicante, Malaga*, ports dont les environs produisent des vins renommés ; *Cadix*, une des places les plus fortes de l'Europe, prise par les Français en 1823 ; *Séville* (130.000 hab.), dont les monuments rappellent les Maures ; *Cordoue*, capitale de l'Espagne sous les Califes ; *Grenade*, où l'on admire l'Alhambra, palais des rois arabes.

339. L'Espagne, riche en vins et en mines de toutes sortes, est un pays très montagneux ; elle possédait autrefois d'immenses colonies en Amérique, mais elle les a perdues presque toutes au commencement du siècle.

340. Au sud de l'Espagne se trouve la place formidable de **Gibraltar**,

que les Anglais ont su se faire attribuer par le traité d'*Utrecht*, et qui est considérée comme la clef de la Méditerranée. Le détroit de Gibraltar a 4 lieues de largeur et 15 de longueur.

ITALIE

341. L'Italie (28 millions d'hab.) a un gouvernement monarchique constitutionnel. Naguère, elle comprenait plusieurs Etats : le *Piémont*, la *Lombardie* et la *Vénétie*, à l'Autriche, *la Toscane*, les *Etats du Pape*, le royaume des *Deux-Siciles*, etc. L'unité italienne a été faite grâce à l'appui de la France.

342. La capitale de l'Italie est actuellement **Rome** (300.000 hab.), sur le Tibre. Ancienne capitale de l'empire romain et des Etats de l'Eglise, siège de la papauté, cette ville est fameuse entre toutes par ses monuments et ses souvenirs historiques. — Autres villes remarquables : *Naples* (500.000 hab.), au pied du Vésuve, était anciennement la capitale du royaume des Deux-Siciles ; c'est un port commerçant, mais les rues y sont en général étroites et sombres ; *Milan* (320.000 hab.) est la première ville industrielle d'Italie, la cathédrale est superbe ; *Palerme* (250.000 h.) est un port sicilien. *Turin* (220.000 hab.), sur le Pô, tour à tour capitale du royaume de Sardaigne puis de l'Italie, est une ville très régulièrement bâtie ; *Gênes* la superbe (180.000 hab.) est le principal port de commerce italien ; *Florence* (170.000 hab.), la patrie des arts à la Renaissance, a conservé de cette époque d'admirables monuments ; *Venise* (170.000 hab.), autrefois la reine de l'Adriatique, est bâtie sur des lagunes.

343. L'Italie est fertile en grains, en fruits et en vins. On y trouve du fer, du cuivre, du marbre et du soufre. L'Italie est le pays qui fournit à l'industrie la plus grande quantité de soie grège.

SERBIE, ROUMANIE, MONTÉNÉGRO, BULGARIE

344. La Serbie (2 millions d'hab.), monarchie constitutionnelle, a pour capitale **Belgrade**, place forte sur le Danube.

345. La Roumanie (5 millions d'hab.), monarchie constitutionnelle, a pour capitale **Buckarest**.

346. Le Monténégro (300.000 hab.) est une petite principauté dont la population se montre très belliqueuse. La capitale est le bourg de **Cettigne**.

347. La Bulgarie (2 millions d'hab.), dont la capitale est **Sofia**, doit son indépendance à la Russie qu'elle a mécontentée en s'annexant la *Roumélie*.

TURQUIE

348. La Turquie d'Europe ou **Empire Ottoman** (21 millions d'hab.) est une monarchie absolue dont le chef s'appelle *Sultan*. La capitale **Constantinople** (600.000 hab.) occupe, sur le Bosphore, la plus belle situation de l'univers ; de nombreux minarets et coupoles dominent les maisons disposées en amphithéâtre. — Parmi les autres villes remarquables citons : *Andrinople* (170.000 hab.), commerce de soies et de parfums, dans une jolie situation, au milieu de jardins ravissants ; *Salonique*, port commerçant.

L'empire Ottoman comprend : la Turquie d'Europe, la Turquie d'Asie et les côtes occidentales de l'Arabie, sans compter d'autres pays plus ou moins dépendants.

349. Au traité de Berlin, en 1878, la *Serbie*, la *Roumanie* et le *Monténégro* ont reçu des territoires enlevés à l'empire ; la *Thessalie* a été donnée à la Grèce, l'Autriche a reçu en garde la *Bosnie* et l'*Herzégovine* ; la *Bulgarie* a été érigée en une principauté tributaire à laquelle s'est jointe depuis la *Roumélie ;* l'Angleterre s'est fait donner l'île de *Chypre*.

GRÈCE

350. La Grèce (2 millions d'hab.), célèbre dans l'histoire ancienne, forme aujourd'hui une petite monarchie constitutionnelle dont la capitale est **Athènes** (80.000 hab.), ville pleine de souvenirs et de monuments historiques. On peut citer aussi *Patras* et *Corinthe*, sur le golfe de ce nom.

351. La Grèce produit du vin et exporte des raisins secs ; c'est un pays très montagneux dont les îles *Ioniennes* et les *Cyclades* font également partie.

352. Conquise par les Turcs, la même année que Constantinople

(1453), la *Grèce* s'insurgea en 1821, et, secondée par les armes de l'Angleterre, de la France et de la Russie, elle obtint son indépendance par le traité d'*Andrinople* (1829).

III
RENSEIGNEMENTS DIVERS SUR L'EUROPE

353. Climat. — L'Europe, en général, jouit d'un climat tempéré. La région tout à fait septentrionale, comprenant le nord de la Russie et de la péninsule Scandinave, ainsi que les pays baignés par la Méditerranée, font seuls exception.

Dans la région tout à fait septentrionale, la température moyenne est inférieure à 0° ; les lichens y abondent, mais les arbres n'y poussent pas. L'orge et l'avoine sont les uniques céréales qui résistent au climat, et encore faut-il pour cela des conditions spéciales de terrain et d'exposition.

Dans la région méditerranéenne règne une température très chaude, mais supportable, soumise à la fois aux émanations de la Méditerranée et aux vents brûlants de l'Afrique. La végétation s'y rapproche de celle des régions tropicales : on y trouve des vallées entières couvertes de violettes, de narcisses, d'hyacinthes.

354. Faune. — Outre les espèces d'animaux domestiques et d'animaux sauvages répandus en France, la faune de l'Europe comprend, dans les contrées septentrionales, le renne, le lynx, l'élan ; dans les contrées méridionales, le buffle et le porc-épic ; au sud-est, le chameau et le chacal. L'éponge est très commune dans la Méditerranée.

355. Flore. — La région moyenne possède les arbres fruitiers, les arbres forestiers de la France, les céréales et les autres plantes cultivées sur notre territoire. Dans les contrées septentrionales, on rencontre surtout le pin, le sapin et le bouleau, et, dans les contrées méridionales, l'olivier, l'amandier, le figuier, l'oranger. Sur quelques points du midi, on remarque aussi le riz, le coton et même la canne à sucre.

356. Agriculture. — La région du nord-ouest et celle du centre, où le bétail abonde, produisent particulièrement le froment et d'autres céréales, les plantes alimentaires et les plantes industrielles (pomme de terre, betterave, chanvre, tabac, houblon). La vigne y donne des produits variés dont les plus estimés sont sans contredit les **vins de France;** les fruits à cidre sont particulièrement cultivés au nord-ouest de l'Europe. Le sud se prête à la culture du maïs, du riz, du mûrier, de l'olivier, de l'oranger, de la vigne ; les vins y sont aromatiques et liquoreux.

L'avoine, le seigle et l'orge sont les céréales les plus productives de la partie septentrionale ; le midi de la **Russie** fournit des moutons estimés et des chevaux robustes.

357. Mines et industries métallurgiques. — La région minière et métallurgique la plus importante et la plus riche de l'Europe est celle de la **Grande-Bretagne**, où les minerais de tous les métaux usuels se rencontrent à proximité de vastes bassins houillers. La région de la **Belgique**, du nord et nord-est de la France et de l'Allemagne rhénane occupe le second rang. Vient ensuite le **Massif central** de la France.

358. Autres industries. — Presque toutes les industries atteignent un grand développement dans les îles Britanniques. La Belgique, la France septentrionale et les provinces rhénanes forment le second groupe, par ordre d'importance. Le troisième comprend l'Europe centrale (Saxe, Bohême et Silésie).

359. Voies de communication intérieure. — Les chemins de fer sont surtout nombreux dans l'ouest et le centre de l'Europe. En Russie et dans l'**Allemagne du nord**, où les grands fleuves sont reliés entre eux par des canaux, la navigation fluviale a acquis une importance particulière, de même que dans l'Europe centrale, traversée par le **Danube**. Des lignes télégraphiques terrestres et sous-marines font communiquer l'Europe avec les autres parties du monde.

360. Navigation maritime. — Les principaux ports de l'Europe sont : Londres et Liverpool *(Angleterre) ;* Anvers *(Belgique) ;* Hambourg et Brême *(Allemagne) ;* Amsterdam et Rotterdam *(Hollande) ;* Marseille et Le Havre *(France) ;* Lisbonne et Porto *(Portugal) ;* Barcelone et Cadix *(Espagne) ;* Gênes et Venise *(Italie) ;* Trieste *(Autriche) ;* Constantinople *(Turquie) ;* Odessa et Riga *(Russie) ;* Stockholm *(Suède) ;* Copenhague *(Danemark).*

361. Races. — Les Grecs furent le premier peuple civilisé de l'Europe; puis vinrent les **Romains**, qui firent la conquête de l'Italie, de la Gaule et de l'Espagne, où ils introduisirent leurs lois et leur langue au point qu'on appelle les habitants de ces contrées des peuples de *race latine*. Les **Germains** peuplèrent non seulement l'Allemagne d'aujourd'hui et une grande partie de l'Autriche, mais encore l'Angleterre et les pays Scandinaves.

362. La race **Slave** occupe tout l'orient européen; elle comprend principalement les Russes, les Serbes et les Bulgares. Grecs, Latins, Germains et Slaves se rattachent tous au groupe **Indo-Européen**.

363. A partir du v⁰ siècle, des peuples d'origine mongole ou touranienne, les *Huns*, les *Avares*, les *Magyars* s'établirent aussi en Europe. Si les premiers se sont peu à peu fusionnés avec les nations qu'ils avaient envahies, par contre les derniers, les Magyars, ont laissé des traces profondes dans la Hongrie.

Au xv⁰ siècle, les **Turcs**, venus de l'Asie, conquirent toute la péninsule des Balkans.

Les Juifs, d'origine *sémitique*, sont disséminés parmi les populations indo-européennes ou mongoles.

A ces races, il faut ajouter les **Celtes**, nombreux encore dans la Bretagne française, l'Irlande, l'Ecosse et le pays de Galles; les **Basques**, dans les Pyrénées.

364. **Religions.** — Le catholicisme est la religion dominante en France, en Espagne, en Portugal, en Belgique, en Autriche et dans l'Allemagne du sud; le protestantisme l'emporte en Suède, dans le Danemark, dans l'Allemagne du Nord, la Grande-Bretagne et la Hollande; la religion grecque est professée particulièrement en Russie, en Grèce et en Turquie. En Russie et surtout en Turquie, il y a un certain nombre de mahométans. Enfin il y a des juifs ou israélites répandus un peu partout dans les contrées de l'Europe.

365. **Langues.** — Les peuples de race latine ont chacun leur langue propre dérivant directement du latin; ce sont les langues néo-latines. Les Grecs ont conservé leur langue primitive, avec de profondes altérations. Les Allemands et une grande partie des Autrichiens parlent la langue allemande, à laquelle ressemblent les langues parlées en Suède, en Hollande, en Angleterre. Le français est la langue officielle de la Belgique, mais le flamand y est également en usage. En Suisse, les deux tiers des habitants parlent l'allemand; l'autre tiers parle le français ou l'italien. Les peuples Slaves, les Hongrois et les Turcs ont des idiomes particuliers.

Il importe de remarquer que dans la haute société, le français, l'anglais et l'allemand tendent à passer en Europe à l'état de langue courante.

RENSEIGNEMENTS STATISTIQUES CONCERNANT L'EUROPE

Les villes les plus peuplées de l'Europe			Population des 20 Etats de l'Europe		Superficie des 20 Etats de l'Europe	
					Km. q.	Km. q.
Londres . .	4.000.000	Lyon	401.000	Russie. . . 85.000.000	Portugal . . 4.500.000	Russie . . 5.400.000	Roumanie. . 130.000
Paris	2.344.000	Birmingham .	400.000	Allemagne. 45.000.000	Suède. . . . 4.500.000	Autriche. . 625.000	Portugal . . 93.000
Vienne . .	1.200.000	Madrid . . .	400.000	Autriche. . 39.000.000	Hollande . . 4.000.000	Allemagne. . 540.000	Grèce. . . . 64.000
Berlin. . .	1.122.000	Varsovie . .	400.000	France. . . 38.000.000	Suisse . . . 3.000.000	France. . . . 520.000	Bulgarie . . 63.000
St-Pétersbourg	930.000	Marseille . .	376.000	Angleterre. 35.000.000	Danemark. . 2.000.000	Espagne. . . 508.000	Serbie . . . 50.000
Moscou . . .	750.000	Buda-Pest .	370.000	Italie. . . . 28.000.000	Grèce. . . . 2.000.000	Suède . . . 450.000	Suisse . . . 41.000
Constantinople	600.000	Amsterdam. .	350.000	Turquie. . . 21.000.000	Bulgarie . . 2.000.000	Turquie . . . 387.000	Danemark. . 40.000
Liverpool . .	550.000	Dublin	380.000	Espagne. . 17.000.000	Norwège . . 1.800.000	Norwège. . . 325.000	Hollande . . 33.000
Manchester. .	520.000	Milan.	320.000	Belgique. . 5.500.000	Serbie . . . 1.700.000	Angleterre. . 315.000	Belgique. . . 30.000
Glascow. . .	510.000	Leeds	310.000	Roumanie . 5.000.000	Monténégro. 250.000	Italie. . . . 296.000	Monténégro. . 9.000
Naples . . .	500.000	Prague	300.000				
Hambourg . .	450.000	Rome.	300.000				

DEVOIRS

1. Vous supposerez que vous faites un voyage le long des côtes de l'Europe et vous relaterez les principaux accidents physiques que vous rencontrerez.

2. Vous tracerez une carte de l'Europe sur laquelle vous indiquerez les noms des accidents physiques relatés dans le devoir précédent.

3. Vous tracerez une carte de l'Europe sur laquelle vous indiquerez les montagnes, les fleuves et les lacs principaux.

4. Vous tracerez une carte des contrées du nord de l'Europe et vous indiquerez les fleuves et les villes cités dans le texte du présent ouvrage.

5. Même travail sur la Russie.

6. Même travail sur les contrées du centre, y compris la France.

8. En suivant les grandes lignes de chemin de fer, par où passez-vous pour aller : 1° de Cadix à Vienne; 2° de Naples à Edimbourg; 3° de Constantinople à Dublin; 4° de Stockholm à Lisbonne.

9. Indiquer d'abord, dans quelles contrées se trouvent les 20 villes les plus peuplées de l'Europe et désigner ensuite les 6 Etats de l'Europe les plus peuplés, en établissant la différence de population de chacun d'eux avec la population de la France.

10. Dresser un tableau offrant pour les contrées du nord et de l'est, les renseignements suivants : principales montagnes; principaux fleuves; nom de la capitale; noms des deux principales villes; système de gouvernement; religion; langue; population; principales productions.

11. Même tableau pour les contrées du centre.

12. Même tableau pour les contrées du sud.

13. Donner, sous la forme d'une composition française en style suivi, une idée de l'aspect général, des productions et de la civilisation des contrées de l'Europe.

14. Même travail sur la contrée de l'Europe que vous connaissez le mieux.

CHAPITRE V

ASIE

I

GÉOGRAPHIE PHYSIQUE

366. **Superficie et population.** — L'Asie a une superficie de 42 millions de kilomètres carrés, une population évaluée à 800 millions d'habitants.

367. **Bornes.** — L'Asie est bornée : au nord, par l'océan *Glacial arctique;* à l'est, par l'océan *Pacifique;* au sud, par l'océan *Indien;* à l'ouest, par la mer *Rouge;* l'isthme de *Suez,* la *Méditerranée,* l'*Archipel,* la mer de *Marmara,* la mer *Noire,* le *Caucase,* la mer *Caspienne,* le fleuve *Oural* et les monts *Ourals.*

DESCRIPTION DES CÔTES

368. **Côtes de l'océan Glacial du Nord.** — L'océan Glacial forme la mer de *Kara,* la mer *Sibérienne,* et se termine au détroit de *Behring.*

369. **Côtes de l'océan Pacifique.** — L'océan Pacifique forme les mers de *Behring,* d'*Okhotsk,* du *Japon, Jaune, Orientale,* de *Chine* et les golfes de *Petchili,* du *Tonkin* et de *Siam,* en contournant les presqu'îles de *Kamtschatka,* de *Corée,* d'*Indo-Chine,* de *Malacca.* On y remarque les îles *Kouriles,* l'archipel *du Japon,* les îles chinoises

Formose et *Hainam*, l'île anglaise de *Hong-Kong* et l'île portugaise de *Macao*.

370. Côtes de l'océan Indien. — L'océan Indien forme les golfes de *Bengale*, d'*Oman*, *Persique*, d'*Aden*; les détroits de *Malacca*, d'*Ormuz* et de *Bab-el-Mandeb*; il baigne la grande presqu'île de l'*Hindoustan*, au sud-ouest de laquelle on trouve l'île de *Ceylan*, qui appartient à l'Angleterre.

371. Côtes de l'ouest. Dans la Méditerranée, on remarque entre autres îles, celle de *Chypre*, qui appartient aux Anglais; et celle de *Rhodes*, qui appartient aux Turcs.

MONTAGNES ET PLATEAUX

372. Montagnes et plateaux. — Une immense chaîne de montagnes traverse l'Asie, de la presqu'île d'Asie-Mineure au cap Oriental, près du détroit de Behring; elle porte les noms de *Taurus*, montagnes de *Perse*, monts *Célestes* (point culminant 6.200 m.), *Altaï* (point culminant 3.300 m.), *Stanovoï* dont l'altitude ne dépasse pas 1.400 m. Les ramifications sont : à l'ouest, le *Liban* et la chaîne *Arabique*; au sud, l'*Himalaya*, où domine le mont *Everest* (8.840 m.), le plus élevé du globe. A la limite de la Russie d'Europe se trouvent les chaînes du *Caucase* et de l'*Oural*; dans l'Hindoustan, on remarque les deux chaînes des *Ghattes*.

Ces montagnes forment, au centre, le plateau de *Pamir*; à l'ouest, ceux de *Perse* et d'*Arabie*; au sud-est, celui du *Thibet*; au sud, celui de *Dékan*.

373. Versants. — Les montagnes partagent l'Asie en trois versants principaux : au nord, le versant de l'océan Glacial arctique, où coulent l'*Obi*, l'*Iénisci*, déversoir du lac *Baïkal*, et la *Léna*; à l'est, le versant de l'océan Pacifique, arrosé par l'*Amour*, le fleuve *Jaune* ou *Hoang-Ho*, le fleuve *Bleu* ou *Yang-tsé-Kiang*, le plus important de l'Asie, le *Mey-Kong* ou *Cambodge*; au sud, le versant de l'océan Indien, arrosé par le *Brahmapoutre*, le *Gange*, le *Sind* ou *Indus*, le *Chat-el-Arab*, formé par la réunion du *Tigre* et de l'*Euphrate*.

374. Bassins intérieurs. — La mer Caspienne, immense lac salé dont le niveau est inférieur de 26 mètres à celui de la mer Noire, reçoit l'*Oural*. La mer Morte ou lac *Asphaltite*, aux eaux salées et bitumineuses, à 400 mètres au-dessous du niveau de la Méditerranée, reçoit le *Jourdain*; la mer d'Aral, le *Syr-Daria* et l'*Arnou-Daria*.

II

CONTRÉES ET VILLES PRINCIPALES

375. La Russie d'Asie comprend la Sibérie, le Turkestan et la Transcaucasie.

La **Sibérie** (5 millions d'habitants dont un quart de *Russes* déportés) est une contrée plus vaste que l'Europe et exposée à des froids extrêmement rigoureux, avec des steppes au nord et des forêts au sud. La capitale est *Tobolsk* (20.000 hab.), qui fait un grand commerce de pelleteries.

Le **Turkestan** (9 millions d'habitants) est une possession à laquelle la Russie attache une très haute importance. Ville principale : *Samarkand*.

La **Transcaucasie**, dont le climat est le plus chaud de l'empire russe, a pour ville principale *Tiflis* (70.000 hab.), située dans une région remarquable par sa fertilité et sa beauté.

376. L'Empire chinois ou Céleste Empire (environ 450 millions

d'habitants), bien que traversé par des fleuves considérables, offre des parties dépourvues d'eau. La région que borde l'océan Pacifique, d'une fertilité prodigieuse, est bien cultivée, mais les Chinois n'ont pu encore se résoudre à sortir entièrement de leur isolement à l'égard du reste de l'univers. La capitale, **Pékin** (1 million d'hab.), une des plus grandes ville du monde, a des rues larges et droites, bordées de maisons basses assez mal construites. La résidence impériale, avec des pagodes en porcelaine et des jardins immenses, est à elle seule aussi grande qu'une ville. Pékin renferme de nombreux établissements littéraires et scientifiques, plus anciens que ceux de l'Europe. — Les villes principales ouvertes aux Européens sont : *Chang-Haï*, premier port de la Chine pour le commerce extérieur; *Canton* (1.200.000 hab.), centre important de commerce pour l'opium, les cotonnades; *Nan-King*, autrefois capitale de l'empire, ville plus étendue que Pékin et située dans une contrée fertile qui produit en abondance le thé et le coton jaune avec lequel on fait l'étoffe appelée nankin. Cette ville fabrique des soieries, des broderies, des objets en laque, en bronze. *Fou-Tchéou*, renferme un arsenal bombardé par notre marine lors de l'expédition du Tonkin.

Un chinois (race jaune).

377. L'Empire du Japon (38 millions d'hab.) jouit d'une civilisation avancée; l'instruction y est développée, les inventions modernes y sont en honneur. Les capitales sont *Miako* (800.000 hab.) et *Yédo* (1 million d'hab.): Miako, au fond d'une baie magnifique, sous un climat extrêmement salubre, offre des agréments de toute sorte, qui font appeler cette cité, de 70 km. de tour, le *paradis du Japon;* Yédo est une ville littéraire et savante qui fabrique des porcelaines et des soieries. On y remarque un pont fameux d'où l'on compte les distances sur tous les grands chemins de l'île. *Yokohama* est le principal port pour le commerce européen; *Nangasaki*, le seul port autrefois accessible aux étrangers.

378. L'Indo-Chine, occupée presque entièrement par les Français et les Anglais, comprend : 1° la Cochinchine française, notre colonie, capitale *Saïgon;* 2° le Cambodge; 3° l'Annam, capitale *Hué* (50.000 hab.), résidence de l'agent français, ville fortifiée à l'européenne que les ingénieurs français; 4° le Tonkin, ville principale *Hanoï* (120.000 hab.); — le Cambodge, l'Annam et le Tonkin sont soumis au protectorat français; — 5° le royaume de Siam, seul indépendant, capitale *Bangkok* (500.000 hab.), ville commerçante, construite en bois; 6° la Birmanie, capitale *Mandalé;* 7° la presqu'île de Malacca, en partie à l'Angleterre; villes principales *Malacca*, *Singapour*, dans une situation admirable pour le commerce.

379. L'Hindoustan (250 millions d'hab.), comprend :

1° Les possessions anglaises (200.000.000 d'hab.), capitale **Calcutta** (750.000 hab.), résidence du vice-

Temple japonais.

roi; une des villes les plus riches et les plus industrieuses de l'Asie. — Autres villes importantes : *Bombay* (750.000 hab.), première place de commerce de l'Inde avec l'Europe; *Madras*, place forte et grand centre commercial; *Agra*, fort longtemps la capitale du Grand-Mogol; *Bénarès*, ville sainte des brahmes; *Delhi*, qui fabrique de l'orfèvrerie et des soieries; *Lahore*, qui exporte des châles;

2° Des Etats tributaires de l'Angleterre, gouvernés par des *rajahs*;

3° Des Etats indépendants (*Népaul*, *Boutan*);

ASIE
PHYSIQUE ET POLITIQUE

Échelle de 60.000.000

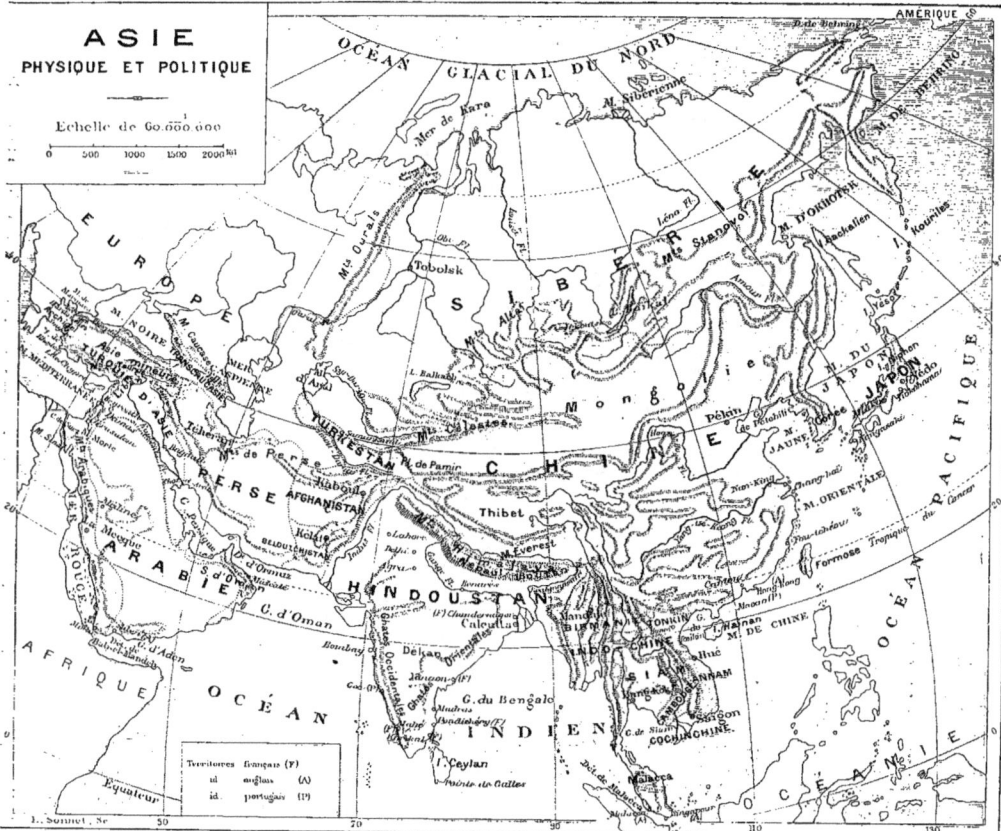

4° Les villes de **Pondichéry**, *Karikal, Yanaon, Chandernagor, Mahé*, à la France; *Goa*, au Portugal.

Pointe-de-Galles, dans l'île de *Ceylan*, est un port de relâche.

380. L'Afghanistan (5 millions d'hab.), à cause de sa situation entre les possessions de l'Angleterre et celles de la Russie, est convoité par ces deux nations. Jusqu'à présent, l'influence anglaise y a prévalu. La capitale est **Caboul**, dans une vallée fertile.

381. Le Béloutchistan est vaste, mais n'est guère peuplé (300.000 hab.); il a pour capitale **Kélat**. L'Angleterre y est prépondérante.

382. La Perse (8 millions d'hab.) a pour capitale **Téhéran** (200.000 hab.), ville fortifiée; les maisons sont construites en terre, comme la plupart de celles du royaume. A l'époque des fortes chaleurs, les habitants quittent leurs habitations et se retirent sous des tentes. Ce pays fertile est appelé à reconquérir son ancienne splendeur. Le souverain de la Perse s'appelle *Schah*.

383. Dans la Turquie d'Asie et l'**Arabie turque** (17 millions d'hab.), les villes principales sont: **Smyrne** (150.000 hab.), port très commerçant, grande ville sale et mal bâtie, sauf le quartier des Francs; **Beyrouth**, port le plus commerçant de la côte de Syrie; *Jérusalem*, berceau du christianisme; *Damas*, dans une vallée délicieuse; *Bagdad*, entrepôt du commerce de la Turquie avec la Perse et l'Inde; *La Mecque; Médine*, patrie de Mahomet; *Moka*, dont le café est renommé.

Les ports de la Méditerranée, en Asie-Mineure, portent le nom d'*Echelles du Levant*.

384. L'Arabie indépendante (5 à 6 millions d'hab.) est un plateau sablonneux, au climat brûlant et dont la population est nomade.

Jérusalem

L'Angleterre possède, sur le détroit de Bab-el-Mandeb, **Aden**, port de relâche d'une grande importance, entrepôt considérable de café. A l'est, on remarque le **Sultanat d'Oman**, ville principale *Mascate*.

III

RENSEIGNEMENTS DIVERS SUR L'ASIE

385. Climat. — A la même latitude, surtout dans l'intérieur des terres, le climat est plus froid en Asie qu'en Europe, ce qui tient à l'altitude moyenne, jointe à l'éloignement de la mer. Le nord et les hautes montagnes sont couverts de neiges perpétuelles; la partie méridionale, toujours chaude, n'offre que deux saisons, celle de la sécheresse, et celle des pluies coïncidant avec les vents violents appelés *moussons*.

386. Productions. — On trouve dans le nord (*Sibérie*), de l'or, de l'argent, du platine, du cuivre et des animaux à fourrures. Il y a en outre de belles forêts.

L'est (*Chine et Japon*) possède de riches mines de houille non encore exploitées en Chine, ainsi que le mûrier et la soie, la porcelaine. Au sud, l'étonnante fertilité du sol supplée aux procédés routiniers des habitants, plus habiles dans la confection des tissus que dans la pratique des méthodes perfectionnées de l'agriculture. Les productions y sont nombreuses : céréales, riz, café, coton, canne à sucre, indigo, opium, soie; on y trouve aussi la houille, l'or et l'argent, l'acier naturel, le diamant. Dans l'ouest croissent le cèdre et les arbres fruitiers de nos pays, l'olivier, le figuier, la vigne.

387. La faune ne le cède pas à la flore. A nos races d'animaux domestiques, il faut ajouter le chameau, l'éléphant domestique; mais les animaux nuisibles tels que le tigre, le léopard et les serpents y sont également nombreux. Le centre possède la chèvre du *Tibet*, remarquable par sa laine soyeuse.

388. Races. — A la race blanche appartiennent les peuples du sud-ouest, *Arabes, Turcs, Persans, Afghans, Hindous;* à la race **jaune**, les populations indigènes des autres contrées.

389. Religion. — L'Asie a vu naître presque toutes les religions; l'islamisme domine dans l'ouest, le **brahmanisme** dans l'*Inde*, le bouddhisme en *Indo-Chine*, en *Chine* et au *Japon*.

390. Langues. — On parle en Asie un grand nombre de langues : le chinois, le japonais, le mandchou, l'annamite, le siamois, le birman, le persan, le turc, etc.

DEVOIRS

1. Vous supposerez faire un voyage le long des côtes de l'Asie et vous relaterez les principaux accidents physiques qu'on y rencontre.
2. Vous tracerez une carte de l'Asie où seront indiqués les accidents physiques mentionnés dans le devoir précédent.
3. Vous tracerez une carte de l'Asie sur laquelle seront indiqués les principaux fleuves et les montagnes.
4. Vous tracerez une carte de la Sibérie sur laquelle vous indiquerez les montagnes, les fleuves et les villes mentionnées dans le présent ouvrage.
5. Même travail sur la Chine, le Japon, l'Indo-Chine.
6. Même travail sur l'Hindoustan et les autres contrées de l'ouest de l'Asie.
7. Vous tracerez une carte de l'Asie sur laquelle vous indiquerez les colonies françaises établies dans cette partie du monde.
8. Dresser un tableau offrant pour les contrées du nord et de l'est de l'Asie les renseignements suivants : principales montagnes, principaux fleuves, capitale, principales villes, système de gouvernement, religion, population, principales productions.
9. Même tableau pour les contrées du sud et de l'ouest.
10. Donner, sous la forme d'une composition française, une idée de l'aspect général de l'Asie et des productions de ce pays.

CHAPITRE VI

OCÉANIE

I

DIVISION GÉNÉRALE DE L'OCÉANIE

391. Situation, superficie. — L'Océanie comprend l'**Australie** (*Nouvelle-Hollande, continent maritime*), et de nombreuses îles disséminées dans l'océan Pacifique.

Situées au sud-est de l'Asie et à l'ouest de l'Amérique, les îles océaniennes occupent une surface totale sensiblement égale à celle de l'Europe (10 millions de kilomètres carrés), avec une population de 35 millions d'habitants.

392. Division. — On divise généralement l'Océanie en quatre parties : la *Malaisie*, à l'ouest; la *Mélanésie*, au sud-ouest; la *Micronésie*, au nord; la *Polynésie*, à l'est.

393. Malaisie (doit son nom à la population *malaise*). La Malaisie, presque entièrement sous la domination de la Hollande et de l'Espagne, embrasse :

1° L'archipel de la **Sonde**, montagneux et volcanique, appartenant à la Hollande et comprenant l'île de **Sumatra** (4.500.000 d'hab.); l'île de **Java** (18 millions hab.), où se trouve *Batavia*, capitale des possessions hollandaises, belle et opulente ville, entrepôt de tous les produits de l'île; *Timor*, partagée entre les Hollandais et les Portugais.

2° **Bornéo** (4 millions d'hab.), en partie à la Hollande, et dont la ville principale est celle de *Bornéo*, qui envoie en Europe du poivre, des épices; un sultan indigène y réside.

3° L'archipel des **Célèbes**, en grande partie à la Hollande;

4° L'archipel des **Moluques** ou *îles aux épices*, également à la Hollande;

5° Les îles **Philippines** (5 millions d'hab.), appartenant à l'Espagne. *Manille* (180.000 hab.), dans l'île de *Luçon*, est la capitale des possessions espagnoles en Océanie; cette ville importante, détruite en 1856 par un tremblement de terre, fait le commerce avec la Chine et l'Espagne; elle a une fonderie de canons et de grandes fabriques de cigares.

394. La Mélanésie (*mela*, noir; *nésie*, île), qui doit son nom aux indigènes, peuples de race noire, comprend d'abord l'**Australie**, qui appartient à l'Angleterre. C'est un continent d'une étendue égale aux trois quarts de l'Europe et dont le centre, formé de steppes et de forêts, est peu connu; il n'est arrosé que par des cours d'eau d'une faible longueur et des lacs temporaires.

395. La population de l'Australie, évaluée à 2.500.000 hab., dont 2 millions de colons, est presque entièrement concentrée dans le sud-est et le sud, où les communications par les chemins de fer et le télégraphe ne le cèdent en rien à celles de l'Europe. Les villes principales sont : *Melbourne* (280.000 hab.), fondée en 1837, simple bourgade dix ans après, et aujourd'hui la ville la plus belle et la plus commerçante de l'Océanie; *Sidney* (200.000 hab.), ville qui fait un commerce considérable. Ces deux villes sont des ports importants.

396. La Mélanésie comprend en outre : 1° la **Tasmanie** (à l'Angleterre); 2° la **Nouvelle-Calédonie**, avec *Nouméa* (à la France); 3° les îles **Salomon**; 4° les **Nouvelles-Hébrides**, dont la neutralité vient d'être reconnue par la France et l'Angleterre; 5° l'archipel de la **Nouvelle-Bretagne** (à l'Allemagne); 6° la **Nouvelle-Guinée**, non encore explorée à l'intérieur. Les Anglais y sont établis au sud, et les Allemands viennent de prendre officiellement possession des côtes nord-est. Les Hollandais ont l'ouest.

397. Micronésie (*micro*, petit; *nésie*, île). — Les groupes principaux de la Micronésie sont les îles **Mariannes** et les îles **Carolines**, appartenant à l'Espagne; l'archipel de **Magellan**, au Japon; les îles **Marshall**, à l'Allemagne.

398. Polynésie (*poly*, beaucoup; *nésie*, île). — Parmi les nombreuses îles de la Polynésie on peut citer : 1° au nord, l'archipel **Sandwich**, situé presque à égale distance des côtes d'Amérique et du Japon; il a pour ville principale *Honololulou*, très fréquenté par les pêcheurs de baleines; 2° à l'est, les îles **Marquises**; l'île **Taïti**, dans l'archipel de la Société, et l'île **Gambier**, à la France; 3° au sud, l'archipel de la **Nouvelle-Zélande** (400.000 hab.), chef-lieu *Aukland*, à l'Angleterre, contrée riche en or, cuivre, laines fines, bois de construction; 4° à l'ouest, l'archipel **Viti**, à l'Angleterre.

399. Les îles de la **Mélanésie**, comme celles de la **Polynésie**, doivent leur origine à des soulèvements volcaniques ou à des accumulations de polypiers (corail) qui, émergeant des flots, se couvrent rapidement d'une luxuriante végétation; mais ce développement continu de bancs sous-marins rend la navigation dangereuse dans les parages où il se produit.

En résumé, on peut dire que les possessions anglaises se trouvent,

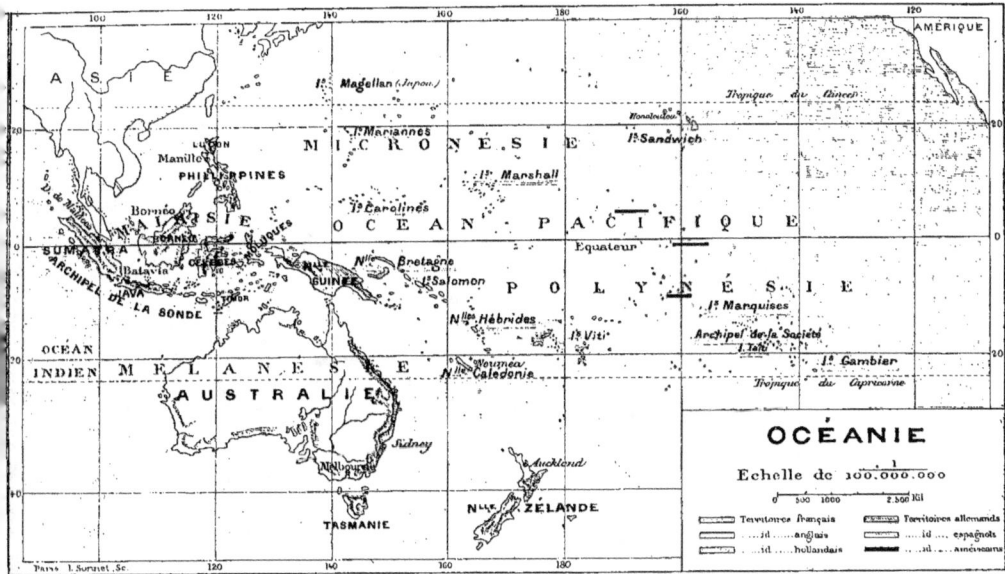

OCÉANIE

Echelle de $\frac{1}{100.000.000}$

surtout au sud de l'Océanie, les possessions hollandaises à l'ouest, les possessions espagnoles au nord-ouest, les colonies françaises au centre et à l'est; les colonies allemandes au centre, et les possessions des États-Unis au nord-est.

II
RENSEIGNEMENTS DIVERS SUR L'OCÉANIE

400. Climat. — Bien que les îles de l'Océanie soient situées en grande partie dans la zone torride, elles jouissent d'un climat relativement tempéré, par suite des brises de la mer; aussi la végétation y déploie-t-elle une vigueur merveilleuse.

401. Productions. — La **Malaisie** renferme de l'or, du fer, du cuivre, de l'étain, de la houille, des diamants; l'Europe en tire, outre le sandal, du café, du sucre, du vin, du maïs, des épices et du coton. Les forêts donnent asile à l'éléphant, au rhinocéros, à l'hippopotame, au buffle, au tigre, aux singes, aux perroquets, au casoar, au crocodile et aux grands serpents.

402. On trouve en **Australie** de l'or en abondance, tous les métaux utiles et des gisements considérables de houille. Le kangourou, l'ornithorynque, l'écureuil volant, le cygne noir y abondent; l'eucalyptus, les sapins géants, les fougères arborescentes y prospèrent; nos animaux domestiques y sont acclimatés. L'élevage des troupeaux constitue même un élément de richesse; car l'Australie exporte en Europe d'énormes quantités de laine de première qualité et de viandes salées qui fournissent un appoint considérable à l'alimentation de l'ancien monde.

La *Nouvelle-Zélande* possède le phormium, espèce de lin qui rivalise par sa solidité avec le chanvre.

403. Religions. — Les indigènes malais, au teint noir cuivré, professent généralement la religion **mahométane**. Les noirs de la Mélanésie, dont quelques-uns, tels que les *Papous*, sont encore antropophages, pratiquent le **fétichisme**.

404. Langues. — Les différents dialectes parlés en Océanie, par les indigènes, se rapprochent de la langue malaise; l'usage des langues européennes se répand dans les parties les plus connues de ces régions lointaines.

DEVOIRS

1. Vous ferez une carte de l'Océanie sur laquelle vous indiquerez les colonies françaises.

2. Tableau des principales îles de la Malaisie, de leurs villes principales et des nations de l'Europe dont elles sont des colonies.

3. Même travail sur la Mélanésie.

CHAPITRE VII
AFRIQUE

I
GÉOGRAPHIE PHYSIQUE

405. Etendue et population. — L'Afrique a une superficie de 30 millions de kilomètres carrés et une population qu'on évalue à 200 millions d'habitants.

406. Bornes. — L'Afrique est bornée: au nord, par la *Méditerranée;* à l'est, par le canal de *Suez;* la mer *Rouge* et l'océan *Indien;* u sud et à l'ouest, par l'océan *Atlantique.*

DESCRIPTION DES CÔTES

407. Côtes de la Méditerranée. — La **Méditerranée** communique avec l'océan Atlantique par le détroit de *Gibraltar* et forme les golfes de *Gabès* et de la *Sidre.* La côte y projette la pointe de *Ceuta* et le cap *Bon.*

408. La mer Rouge et les côtes de l'océan Indien. — La mer **Rouge** communique avec la Méditerranée par le canal de *Suez* (170 k.) qui coupe l'isthme du même nom, et avec l'océan Indien par le détroit de *Bab-el-Mandeb.* L'océan Indien forme, sur les côtes de l'Afrique, le canal de *Mozambique* et baigne les archipels des *Seychelles,* des *Comores,* des *Mascaraignes,* ainsi que la grande île de **Madagascar.** Le cap *Guardafui* est le point qui avance le plus vers l'est.

409. Côtes de l'océan Atlantique — La pointe des *Aiguilles* et le cap de *Bonne-Espérance* sont les limites extrêmes au sud de l'Afrique,

A l'ouest, l'océan **Atlantique** forme le grand golfe de *Guinée*. Les principaux caps sont : le cap des *Palmes*, le cap *Vert* et le cap *Blanc ;* les principales îles, les îles *Sainte-Hélène, Ascension* (à l'Angleterre); *Saint-Thomas*, du *Prince*, du *Cap-Vert, Madère* et *Açores* (au Portugal); *Fernando-Po, Canaries*, (à l'Espagne); *Gorée* (à la France).

OROGRAPHIE ET HYDROGRAPHIE

410. **Montagnes.** — Une ceinture de montagnes presque parallèle à la côte, limite au centre et au sud l'immense plateau **Equatorial**, d'où les grands fleuves tombent en cascades imposantes; au nord, cette ceinture limite le plateau stérile du **Sahara** et le plateau fertile du **Soudan**. Elle comprend : à l'ouest, les monts de *Kong* (point culminant 4.000 m.); au sud, les montagnes du *Cap ;* à l'est, les monts *Lupata, Kénia* (point culminant 5.000 m.), les montagnes d'*Abyssinie*, les chaînes *Arabique* et *Lybique*. Au nord de l'Afrique se trouve la chaîne de l'*Atlas*.

411. **Versants et fleuves.** — Trois grands versants extérieurs partagent l'Afrique. Celui de la **Méditerranée** a pour tributaires le *Nil* et le *Chéliff ;* celui de l'**Atlantique**, le *Sénégal*, la *Gambie*, le *Niger* ou *Déoliba*, le *Congo* ou *Zaïre* et l'*Orange ;* celui de l'océan Indien, le *Limpopo* et le *Zambèze*.

412. **Découvertes.** — De hardis voyageurs, les Anglais *Mungo-Park, Livingstone, Baker, Cameron ;* l'Américain *Stanley ;* les Français *Caillié, Levaillant, Soleillet, de Brazza*, se sont dévoués pour explorer, à travers des difficultés inouïes, le centre de l'Afrique, où ils ont reconnu les sources des fleuves et l'existence des grands lacs **Albert, Victoria, Tanganika**, sources du Nil Blanc; le lac **Nyassa**, qui s'écoule dans le *Zambèze*; le lac **Nami**, au sud; le lac **Tchad**, au centre, formant tous les deux des bassins intérieurs. Au nord, ils ont découvert le **Melghir** et les chotts du **Sahara**, qui sont temporaires, comme les cours d'eau qu'ils reçoivent. Ajoutons que le Sahara renferme des eaux souterraines qu'on amène à la surface des terres à l'aide de puits artésiens.

II

CONTRÉES ET VILLES PRINCIPALES

413. **L'Egypte** (17 millions d'habitants), vice-royauté tributaire de la Turquie, subit en ce moment l'influence anglaise. C'est une vallée fertilisée par les inondations périodiques du Nil. Les monuments (pyramides) et les ruines qu'on trouve dans ce pays témoignent de son antique civilisation. La capitale, **Le Caire** (350.000 hab.), grand entrepôt de commerce, est une ville aux rues étroites et sombres. — VILLES PRINCIPALES : *Alexandrie* (200.000 hab.), port de mer commerçant, à moitié européen, bombardée par les Anglais en 1882; *Damiette ; Rosette ; Port-Saïd* et *Suez*, aux extrémités du canal de Suez, récemment neutralisé.

De l'Egypte dépend la **Nubie**, capitale *Khartoum*.

414. **Le vilayet de Tripoli** (1 million d'hab.) est une dépendance de la Turquie; la côte est seule fertile; la capitale, **Tripoli**, est un port qui exporte de l'ivoire, de la poudre d'or et des plumes d'autruche.

415. **La Régence de Tunis** (2.200.000 hab.), depuis 1881 sous le protectorat de la France, a pour capitale **Tunis**, près de l'ancienne Carthage.

416. **L'Algérie** (3.300.000 hab.), colonie française, a pour capitale **Alger** et pour villes principales *Constantine* et *Oran*.

417. **L'Empire du Maroc** (8 millions d'hab.) est un pays montagneux et désert au sud; la capitale **Fez** possède une manufacture d'armes à feu et fabrique des tapis de damas. VILLES PRINCIPALES : *Maroc*, située au milieu d'une plaine couverte de palmiers, fabrique de maroquins; *Mogador, Tanger*. → *Ceuta* appartient à l'Espagne.

418. **Le Sahara** ou *grand désert*, dix fois aussi étendu que la France, a des populations sédentaires sur ses plateaux et dans ses oasis (les **Touaregs** par exemple), et des populations nomades. Dans cette contrée encore peu explorée, le commerce se fait par caravanes, au moyen de chameaux; il consiste surtout en céréales, ivoire et dépouilles d'animaux. Soleil brûlant, sables mouvants, absence d'eau, tels sont les caractères qui distinguent le Sahara.

419. **La Sénégambie** comprend la colonie française, capitale **Saint-Louis**, des établissements anglais et des établissements portugais. — Le climat de la Sénégambie est excessivement chaud et le sol est très fertile. Un chemin de fer relie la vallée du *Sénégal* à celle du *Niger*.

420. **Le Soudan** ou **Nigritie**, plaine fertile dont on évalue la population à 40 millions d'habitants, est appelé, grâce au voisinage de notre colonie du *Sénégal*, à devenir un débouché important pour notre commerce. La ville principale, **Tombouctou** (20.000 hab.), est construite en forme de triangle, avec des maisons en bois couvertes de roseaux; elle sert de rendez-vous aux caravanes de toute la région.

421. **La Guinée septentrionale** comprend : 1° la côte de Sierra-Leone, à l'Angleterre; 2° la république de **Libéria**, fondée par des nègres affranchis revenus d'Amérique en 1822; 3° le royaume des **Achantis** (côte d'*Ivoire* ou côte d'*Or*) ; 4° le royaume de **Dahomey** (côte des *Esclaves*) où le commerce des esclaves s'est fait jusqu'à nos jours; 5° des établissements européens.

422. **La Guinée méridionale** ou **Congo** (9 à 10 millions d'hab.) est composée : 1° des possessions françaises (*Gabon* et *Congo*), dues en partie à l'énergie de *M. de Brazza*, qui a su également placer sous notre protectorat le royaume de **Loango**; 2° de l'**Association internationale du Congo**, dont le chef est le roi des Belges; 3° des établissements portugais, qui ont pour villes principales *Saint-Paul-de-Loanda*, port et place forte et *Saint-Philippe-de-Benguéla*, port et lieu de déportation.

423. **La Hottentotie** est un pays peu connu, habité par des peuples pasteurs.

424. **La Colonie du Cap** (2 millions d'hab.) appartient aux Anglais; la capitale, **Le Cap** (50.000 hab.), est un port très fréquenté et une ville commerçante fondée il y a deux siècles par les Hollandais. Villes principales : *Port-Elisabeth, Port-Natal*. Au nord-est se trouve le pays des **Zoulous**, où périt, dans une expédition anglaise, le prince impérial, fils de Napoléon III.

425. **La république du fleuve Orange** a été fondée par d'anciens colons hollandais.

426. **La république de Transvaal** a la même origine; mais les Anglais et les Allemands y dominent.

427. **La Cafrerie** indépendante est un pays peu connu.

428. **Le Mozambique** est une colonie portugaise dont la capitale est **Mozambique**, sous un climat malsain, et la ville principale, *Sofala*, port assez commerçant.

429. **Le Zanguébar**, soumis au sultan de *Zanzibar*, a pour capitale **Zanzibar** (50.000 hab.), dans une île du même nom; c'est la première place de commerce de l'Afrique orientale; elle reçoit annuellement plus de 100 navires.

430. **L'Abyssinie** (3 millions d'hab.), ancienne *Ethiopie*, a pour capitale **Gondar**, grand marché de café, de canne à sucre, d'ivoire.

431. **L'Ile de Madagascar** (2 millions d'hab.) forme un territoire aussi grand que la France; récemment placée sous notre protectorat, elle était soumise auparavant aux *Hovas*, peuples rusés et méfiants.

Monuments égyptiens. (Le sphinx. Une pyramide.)

Nègre.

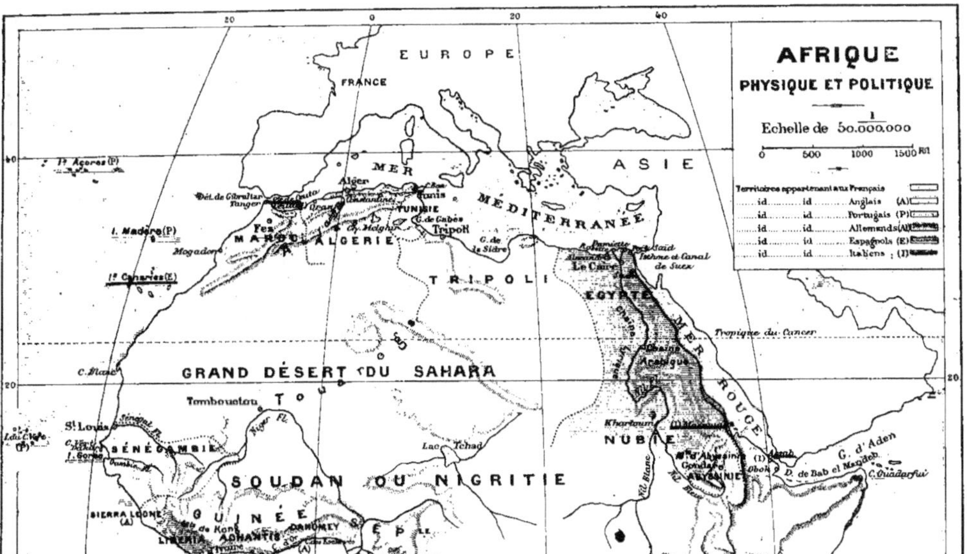

AFRIQUE
PHYSIQUE ET POLITIQUE
Echelle de 50.000.000

Elle a pour capitale **Tananarive** (70.000 hab.), ville construite en bois, résidence de l'agent français; et pour ville principale *Tamatave*, port de commerce.

III
RENSEIGNEMENTS DIVERS
SUR L'AFRIQUE

432. Climat. — Le climat de l'Afrique, en général très chaud, est tempéré sur les plateaux d'une altitude élevée. On n'y distingue que deux saisons, celle de la sécheresse et celle des pluies torrentielles. L'humidité, jointe à la chaleur, y rend, dans certaines régions, le séjour pernicieux aux Européens (fièvre jaune au *Sénégal*).

433. Productions. — Les richesses minérales de l'Afrique sont imparfaitement connues. On y trouve de l'or en poudre, principalement dans certains fleuves, dans la *Côte d'Or* et dans la colonie du *Cap*; du fer, du cuivre (*Algérie, Cap*); du marbre (*Atlas*), des diamants (*Cap*). Sur les côtes, on cultive le froment, l'orge, le riz, la vigne, l'oranger (côte de la *Méditerranée*), la canne à sucre, le coton (*Egypte*); le caféier réussit dans la région de l'ouest. Les forêts de l'*Atlas* fournissent le chêne-liège; le colossal baobab, l'ébénier, les palmiers, les dattiers prospèrent dans plusieurs contrées.

434. Animaux. — Nos animaux domestiques sont acclimatés dans les parties les plus tempérées de l'Afrique. Le dromadaire rend beaucoup de services dans les régions sablonneuses. Les espèces animales sont nombreuses : lions, léopards, hyènes, panthères, chacal, éléphants, rhinocéros, hippopotames, girafes, zèbres, gazelles, antilopes, singes, crocodiles, serpents, criquets. On pêche le corail sur la côte de la Méditerranée et la morue sur celle de l'Atlantique.

435. Race. — La race **noire** (nègres, cafres, hottentots, hovas) est prépondérante au centre, à l'ouest et au sud ; la race **blanche**, au nord et à l'est.

436. Religions. — Les indigènes noirs sont **idolâtres** et les blancs sont **musulmans** ; les Européens professent le **christianisme**. Le nord de l'Afrique compte un grand nombre de juifs ou **israélites**.

437. Langues. — Les langues européennes sont parlées un peu partout ; l'**arabe** domine dans le nord ; les peuplades indigènes parlent des idiomes variés qui n'offrent aucune ressemblance avec les langues des autres parties du globe.

DEVOIRS

1. Vous supposerez que vous faites un voyage autour de l'Afrique et vous relaterez les principaux accidents physiques qu'on y rencontre.
2. Vous tracerez une carte de l'Afrique où seront indiquées les principales montagnes, les fleuves, les mers, les caps et les golfes de la côte.
3. Carte des contrées de l'Afrique baignées par la Méditerranée : montagnes, fleuves, villes.
4. Même travail sur les contrées de l'Afrique baignées par l'océan Atlantique.
5. Même travail sur les contrées de l'Afrique baignées par l'océan Indien.
6. Dresser une liste des contrées de l'Afrique qu'on rencontre le long des côtes : noms, villes, puissances européennes dont elles dépendent.
7. Dresser une carte d'Afrique sur laquelle vous indiquerez les colonies françaises.

CHAPITRE VIII
AMÉRIQUE
I
GÉOGRAPHIE PHYSIQUE

438. Étendue et population. — L'Amérique, appelée aussi Nouveau-Continent ou Nouveau-Monde, a une superficie de 38 millions de kilomètres carrés ; on en évalue la population à 100 millions d'habitants.

439. Bornes. — L'Amérique se trouve comprise entre l'*océan Glacial du Nord*, l'*océan Atlantique* et l'*océan Pacifique*. L'Amérique du Nord et l'Amérique du Sud sont réunies par l'isthme étroit de *Panama*, où un canal sera prochainement ouvert à la navigation.

DESCRIPTION DES CÔTES

440. Côtes de l'océan Glacial du Nord. — L'océan Glacial du Nord forme les mers d'*Hudson* et de *Baffin*, les détroits d'*Hudson* et de *Davis*, et renferme des îles d'une grande étendue, telles que la *Terre de Baffin* et le *Groënland*.

441. Côtes de l'océan Atlantique. — L'océan Atlantique forme la mer des *Antilles*, les golfes du *Saint-Laurent*, du *Mexique* où le *Gulf-Stream* (1) prend naissance, les détroits de *Belle-Isle*, de la *Floride* et de *Magellan*, contourne les presqu'îles du *Labrador*, de la *Nouvelle-Écosse*, de la *Floride* et du *Yucatan*, entoure les îles du *Cap Breton*, *Terre-Neuve*, *Saint-Pierre*, *Miquelon*, les *Bermudes*, les *Lucayes* (où Colomb aborda en 1492), les *Antilles* et la *Terre de Feu*.

Les principaux caps sont le cap *Saint-Roch* et le cap *Horn*.

442. Côtes de l'océan Pacifique. — L'océan Pacifique forme les golfes de *Panama*, de *Californie*, la mer et le détroit de *Behring*. La presqu'île de *Californie*, terminée par le cap *Saint-Lucas*, et la presqu'île d'*Alaska* sont les principales saillies de la

1. Grand courant d'eau chaude qui se rend du golfe du Mexique aux côtes d'Europe.

côte, à l'ouest de laquelle on remarque les îles *Galapagos* (Etats-Unis), *Vancouver* (Angleterre), *Aléoutiennes* (Etats-Unis).

443. Montagnes. — Une chaîne de montagnes, longue de plus de trois mille cinq cents lieues, s'étend du nord au sud du continent américain : elle porte les noms de *Monts Rocheux* (volcan Saint-Elie 4.500 m.), *Sierra-Névada*, *Cordillère des Andes* (volcan Cotopaxi, Chimborazo, Sorata, volcan Aconcagua (6.800 m.). Dans l'Amérique du Nord, les monts *Alléghanys* limitent à l'ouest le bassin du *Mississipi*.

444. Versants, fleuves et lacs. — Les ramifications de la *Cordillère* forment des plateaux d'une étendue et d'une hauteur considérables, principalement ceux du Mexique, de la Colombie et du Pérou, et partagent le continent en trois versants.

Dans le versant de l'océan Glacial du Nord coule le *Mackensie*, qui reçoit les eaux des lacs de l'*Esclave* et du *Grand-Ours*.

Le versant de l'**Atlantique**, à l'est, a pour tributaires le *Saint-Laurent*, déversoir des grands lacs *Supérieur*, *Huron*, *Michigan*, *Erie* et *Ontario* (ces deux derniers communiquent par la célèbre cataracte de *Niagara* ; le *Mississipi* (6.900 km.), le plus grand fleuve du monde et dont les principaux affluents sont le *Missouri* et l'*Ohio* ; l'*Orénoque* ; l'*Amazone* (6.200 km.), grossi par le *Rio-Négro*, la *Madéira* et le *Tocantins* ; le *San-Francisco* ; le *Rio-de-la-Plata*, estuaire où se réunissent le *Paraguay* et l'*Uruguay*.

Le versant du Pacifique, à l'ouest, reçoit le *Colorado* et la *Colombie*.

Dans les monts *Rocheux* se trouve le grand lac *Salé* ; et dans la *Cordillère*, le lac *Titicaca* (4.000 d'altitude), tous deux sans écoulement.

II
CONTRÉES ET VILLES PRINCIPALES

445. A l'exception des possessions européennes et de l'empire du Brésil, tous les Etats de l'Amérique sont des républiques. Ce sont d'anciennes colonies ayant appartenu : le *Canada*, à la France ; les *Etats-Unis*, à l'Angleterre ; le *Brésil*, au Portugal ; le reste, à l'Espagne.

L'AMÉRIQUE DU NORD

L'Amérique du Nord comprend les contrées suivantes :

446. Les terres arctiques, où de rares *Esquimaux* pêchent le phoque et chassent l'ours blanc. La principale est le *Groënland*, possession du Danemark.

447. Le territoire d'Alaska, cédé par la Russie aux Etats-Unis.

448. L'Amérique anglaise (4.500.000 hab.), vaste contrée dont la partie la plus importante, le **Canada**, appartint à la France jusqu'en 1763. Les descendants des colons français, au nombre d'un million, conservent la langue, les mœurs et le souvenir de la mère patrie. Cette contrée forme une confédération de huit provinces, ayant son parlement particulier avec un gouverneur anglais. Capitale Ottawa. Villes principales : *Montréal*, *Québec* et *Halifax*, port militaire.

449. A l'est de l'embouchure du *Saint-Laurent* se trouvent l'île de **Terre-Neuve** (cédée par la France à l'Angleterre en 1763), le **banc de Terre-Neuve**, rendez-vous des pêcheurs de morue ; les îlots de **Saint-Pierre et Miquelon**, à la France. A l'île de Terre-Neuve aboutit le câble sous-marin du télégraphe transatlantique qui part de l'ouest de l'Irlande.

450. Les Etats-Unis (55 millions d'hab.), indépendants depuis 1776, forment une république composée de 39 Etats confédérés (sans compter le district fédéral de Washington, les 8 territoires fédéraux et le territoire indien), ayant chacun son administration distincte, ses lois particulières. Dans cette contrée, qui doit

¡Cataracte de Niagara.

AMÉRIQUE
PHYSIQUE ET POLITIQUE

Echelle de 62.000.000

0   500   1000   1500   2000   2500 Kil

Territoires appartenant :

(A) à l'Angleterre   (D) au Danemark
(F) à la France   (H) à la Hollande
(EU) aux États-Unis   (E) à l'Espagne

à son immense étendue les climats et les productions les plus variées, la population s'accroît prodigieusement, grâce à l'émigration continue des Européens (*Anglais* et *Allemands*) ; l'instruction y est très développée. Une industrie des plus actives, de nombreuses inventions, des progrès incessants témoignent de l'initiative des Anglo-Américains ; le commerce, favorisé par d'innombrables voies de communications et par une marine qui est la deuxième du monde, est dans un état si florissant, que le budget de l'année 1887 a présenté un excédent de recettes de 700 millions.

131. La capitale est **Washington** (150.000 hab.), ville où siègent le gouvernement fédéral, composé du Président et des ministres, ainsi que les deux assemblées qui forment le *Congrès*. Les autres villes principales sont, sur l'Atlantique : *Boston* (250.000 hab.), port superbe et très commerçant, berceau de la liberté américaine et patrie de Benjamin Franklin ; *New-York* (1.200.000 hab.), dans une île, la plus grande ville de l'Amérique, le troi-

sième port de commerce du monde. *Philadelphie* (600.000 hab.), port de commerce, où fut proclamée en 1776, l'indépendance des Etats-Unis; *Baltimore* (330.000 hab.), qui, comme Philadelphie, expédie en Europe des céréales, des bois de construction, du tabac, du fer, de la houille, du pétrole. — Sur le golfe du Mexique, la *Nouvelle-Orléans* (250.000 hab.), ville d'origine française, qui reçoit, par le Mississipi, les céréales, le tabac et le coton pour les expédier en Europe. — Sur le Pacifique, en Californie : *San-Francisco* (250.000 h.), qui a des relations nombreuses et fait un grand commerce avec la Chine. — A l'intérieur : *Chicago* (500.000 hab.) et *Saint-Louis* (450.000 h.), qui exportent principalement des céréales et des viandes salées; *Cincinnati* (250.000 hab.).

452. Le Mexique (10 millions d'hab.) est une république fédérale dont la capitale, **Mexico** (230.000 hab.), sur un plateau riche en mines d'argent, à 2.300 m. d'altitude, a été occupée par les Français en 1863, ainsi que *Puébla* (70.000 hab.). *Vera Cruz,* est le principal port; *Queretaro* rappelle l'exécution du malheureux empereur Maximilien, en 1867.

453. L'Amérique centrale comprend les cinq petites républiques de Guatémala, Honduras, San-Salvador souvent dévastée par des tremblements de terre, Nicaragua et Costa-Rica.

454. Les Antilles (5 millions d'hab.) comprennent : 1° Les Lucayes, à l'Angleterre; 2° Les Grandes-Antilles : *Cuba,* capitale *La Havane* (200.000 hab.), qui fabrique d'excellents cigares, à l'Espagne; la *Jamaïque,* renommée par son rhum, à l'Angleterre; *Haïti* et *Saint-Domingue,* deux républiques indépendantes; 3° les Petites Antilles, où la France possède la *Guadeloupe,* la *Martinique* et quelques autres petites îles; l'Angleterre, la *Trinité;* la Hollande, *Curaçao,* qui fabrique des liqueurs; le Danemark, *Saint-Thomas.*

L'AMÉRIQUE DU SUD

L'Amérique du Sud comprend les Etats suivants :

455. La Colombie (3 millions d'hab.), capitale **Bogota**; villes principales : *Panama, Colon,* sur l'isthme.

456. Le Vénézuéla (1.500.000 hab.), capitale *Caracas.*

457. Les Guyanes : Guyane anglaise; Guyane hollandaise; Guyane française, capitale **Cayenne,** lieu de déportation.

458. L'Empire du Brésil (10 millions d'hab.), qui est presque aussi grand que l'Europe. La capitale **Rio-de-Janeiro** (450.000 hab.) est une belle ville dont les maisons sont construites en granit, est un très commerçant. Villes principales : *Bahia,* ville commerçante; *Pernambouc,* place forte et port.

459. L'Uruguay (500.000 hab.), capitale **Montévidéo,** qui fait un grand commerce de viandes fraîches et de viandes conservées.

460. Le Paraguay, capitale **Assomption,** dans une plaine riche et fertile.

461. La République Argentine ou de la *Plata* (3 millions d'hab.), capitale **Buénos-Ayres** (200.000 hab.), qui exporte des viandes fraîches, des viandes sèches et des viandes fumées.

462. La Patagonie, pays inculte, parcouru par les Indiens nomades.

463. Le Chili (2.500.000 hab.), capitale **Santiago** (150.000 hab.). Ville principale *Valparaiso* (100.000 hab.), grand port de commerce.

464. La Bolivie (2 millions d'hab.), villes principales **La Paz** et **Sucre.**

465. Le Pérou (3 millions d'hab.), capitale **Lima.** Autres villes : *Callao,* port de *Lima,* à 12 km. de cette ville; *Arequipa,* dans une situation délicieuse, mais au pied d'un volcan qui détruisit la ville en 1868.

466. L'Équateur (1.200.000 hab.), capitale **Quito.** Bien que cette ville soit presque située sous l'équateur, son altitude, de près de 3.000 m., lui procure un printemps perpétuel.

III

RENSEIGNEMENTS DIVERS SUR L'AFRIQUE

467. Climat. — L'Amérique jouit des climats les plus variés; même dans la zone torride, arrosée d'ailleurs par des pluies périodiques, certaines contrées offrent un séjour des plus agréables.

468. Productions. — Les richesses minérales sont nombreuses en Amérique. On y trouve tous les métaux, particulièrement l'or et l'argent dans la *Californie,* le *Mexique,* le *Pérou* et le *Chili,* sans compter les pierres précieuses du *Brésil,* le guano et le salpêtre du *Chili* et du *Pérou,* la houille et le pétrole des *Etats-Unis,* le mercure de la *Californie.* Les productions végétales n'offrent pas une variété moins grande; le Nord a ses forêts de bouleaux, de sapins et de cèdres; les régions tempérées rivalisent avec nous pour la production des céréales, des plantes textiles et des fruits (les *Etats-Unis* surtout); les contrées équinoxiales sont riches en coton, canne à sucre, café, tabac, riz, vanille, cacao, ananas, quinquina, manioc, gomme.

469. Animaux. — Le cheval et le bœuf, acclimatés dans les régions tempérées, comme du reste nos autres animaux domestiques, vivent à l'état sauvage dans les pampas de la *Plata* et les prairies des *Etats-Unis.* Dans la région du nord, la mer est habitée par le phoque et la baleine; le continent abrite le renne et les animaux à fourrures : ours blanc, martre, castor, loutre, renard, hermine; les grandes prairies nourrissent le bison. Dans les contrées chaudes on rencontre le lama, l'alpaca, la sarigue, la vigogne, le jaguar, le couguar, les singes, le boa; le caïman et d'innombrables espèces d'oiseaux, tels que les vautours (notamment le condor), les autruches, les perroquets, les oiseaux-mouches. Dans l'Atlantique on pêche la morue, les perles, la tortue (*Antilles*).

470. Races. — Les blancs, tous d'origine européenne, dominent au nord (Etats-Unis, Canada). Sauf quelques peuplades qui ont adopté les mœurs européennes, les indigènes (Indiens), au teint rouge cuivré, errent à l'état sauvage dans les parties incultes de l'Amérique. Les nègres importés d'Afrique comme esclaves, et les mulâtres consi-

Guerrier peau-rouge.

tuent la majorité de la population dans le sud des États-Unis, aux Antilles et dans tout le sud du Nouveau-Monde.

471. Religions. — Si le *protestantisme* domine aux États-Unis, le *catholicisme* est professé partout ailleurs, sauf chez les Indiens, qui sont idolâtres, mais qui toutefois croient généralement au Grand-Esprit.

472. Langues. — Bien que l'*anglais* soit la langue officielle des États-Unis, on y parle également le *français* et l'*allemand ;* le français est surtout en faveur au Canada. Dans les autres parties de l'Amérique, on parle l'espagnol et le portugais. Les peuplades indigènes ont conservé leurs dialectes primitifs, qui ne ressemblent en rien aux langues européennes, asiatiques et africaines.

DEVOIRS

1. Vous supposerez que vous faites un voyage autour de l'Amérique du Nord et vous relaterez les principaux accidents physiques que vous y rencontrerez.

2. Vous tracerez une carte de l'Amérique du Nord où seront indiqués les accidents physiques mentionnés dans le devoir précédent.

3 et 4. Même travail sur l'Amérique du Sud.

5. Vous tracerez une carte de l'Amérique du Nord, avec les divisions politiques, les fleuves et les villes mentionnés dans le présent ouvrage.

6. Même travail pour l'Amérique du Sud.

7. Dressez un tableau des contrées de l'Amérique du Nord : noms, principales montagnes, principaux fleuves, capitale, système de gouvernement, population, religion, langue, principales productions.

8. Même travail sur l'Amérique du Sud.

9. Donner, sous la forme d'une composition française, une idée de l'aspect général, des productions, des divisions politiques de l'Amérique du Nord et de l'Amérique centrale.

10. Travail analogue sur l'Amérique du Sud.

NOTIONS ÉLÉMENTAIRES DE COSMOGRAPHIE

473. Axe de la terre, pôles. — On appelle **axe** la droite idéale N S (fig. B) autour de laquelle la terre accomplit sa rotation de chaque jour. Le point **N** est le *pôle nord ;* le point **S** le *pôle sud.*

474. Équateur, hémisphères. — On appelle **équateur** la circonférence qu'on suppose tracée sur la terre à égale distance des deux pôles. L'équateur sépare les deux **hémisphères** ou moitiés de la terre : *hémisphère du nord* ou *boréal, hémisphère du sud* ou *austral.* La France se trouve au nord de l'équateur, dans l'hémisphère boréal.

475. Latitude. — La distance **AB** d'un point **A** à l'équateur (distance mesurée par la perpendiculaire abaissée de ce point sur l'équateur) s'appelle *latitude nord,* si ce point (comme dans la figure B) est situé au nord de l'équateur ; *latitude sud,* si ce point est au sud de l'équateur.

476. Méridiens. — Les **méridiens** sont des circonférences idéales qui font le tour de la terre en passant par les pôles et en coupant perpendiculairement l'équateur. Dans les ouvrages français de géographie, le premier méridien (0) passe à Paris.

477. Longitude. — La distance **AD** d'un point **A** au méridien qui passe à Paris, s'appelle **longitude** de ce point : *longitude est,* si ce point (comme dans la figure B) se trouve à l'est du méridien ; *longitude ouest,* si ce point est à l'ouest.

478. Parallèles. — On appelle **parallèles** des circonférences qui font le tour de la terre parallèlement à l'équateur. Les deux tropiques et les cercles polaires (fig. A) sont des parallèles.

La latitude et la longitude d'un lieu s'évaluent en **degrés**, qui se comptent, pour la longitude, sur l'équateur ou le parallèle qui passe par ce lieu ; pour la latitude, sur le méridien qui passe par ce lieu.

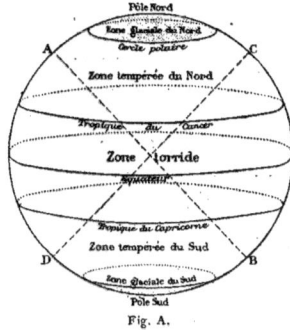

Fig. A.

479. Tropiques; cercles polaires; zones. — Entre les deux parallèles appelés **Tropique du Cancer** et **Tropique du Capricorne** se trouve la **zone torride** ou brûlante ; cette zone (ou bande de terre) est partagée en deux parties égales par l'équateur. Entre les tropiques et les parallèles appelés **cercles polaires** sont situées la **zone tempérée du nord** et la **zone tempérée du sud.** Enfin, entre les cercles polaires et les pôles se trouvent la **zone glaciale du nord** et la **zone glaciale du sud.**

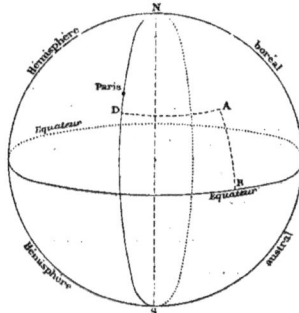

Fig. B.

480. Antipodes. — On appelle **antipodes** les points du globe qui sont diamétralement opposés. Le point **B** (fig. A) est l'antipode du point **A** ; le point **C** l'antipode du point **D.**

TABLE DES MATIÈRES

TABLE DES CARTES

TABLE DES GRAVURES

---

classes élémentaires, aux écoles primaires, aux cours d'adultes. **3ᵉ édition**, *revue, corrigée et considérablement augmentée.* — 1 vol. in-12, broché . . . 1 fr.; — cartonné . . . 1 fr. 25

Cet ouvrage **absolument neuf** pour le fond et pour la **forme** est d'une utilité incontestable pour une **foule de personnes.**

4° Comptabilité pratique (Maître)
Énoncés et corrigé des exercices. Un petit vol. in-12 cart. 1 fr.

1ᵉʳ CAHIER renfermant tous les livres indiqués dans la méthode *(partie simple),* 0 fr. 45.
2ᵉ CAHIER — — *(partie double),* 0 fr. 75.

CERTIFICAT D'APTITUDE PÉDAGOGIQUE
RECUEIL DE COMPOSITIONS FRANÇAISES, **Nᵒ 7** (*Sujets traités et sujets à développer*), précédé de conseils à l'usage des **Aspirants et Aspirantes au certificat d'aptitude pédagogique,** *7° édition, entièrement conforme aux Programmes officiels,* par M. **A. BADRÉ,** professeur d'École normale. 1 vol. in-12, broché . . 2 fr. cartonné . . . . **2 fr. 30**

Les 4ᵉ et 5ᵉ éditions de cet ouvrage ont été épuisées en quelques mois. Ce succès exceptionnel tient, non seulement au vote de la loi en vertu de laquelle le diplôme du **Certificat d'aptitude pédagogique** est indispensable aux Instituteurs et Institutrices qui sollicitent un poste de titulaires, mais en outre à l'importance des sujets traités qui forment, dans leur ensemble, un véritable **Cours de Pédagogie pratique.** Nos lecteurs en jugeront d'après l'extrait de la table des matières.

Extrait de la Table des Matières.
Avertissement.
Dispositions réglementaires et instructions ministérielles relatives à l'examen du certificat d'aptitude pédagogique.
Conseils aux aspirants et aux aspirantes du certificat.

SUJETS TRAITÉS
I. Dans quelle mesure doit-on joindre, dans une même leçon, l'enseignement de la géographie à celui de l'histoire? Prendre pour exemple le sujet suivant : Découverte de Colomb et de Magellan (Leçon aux élèves du cours supérieur).
II. Vous exposerez l'importance du développement de l'imagination : vous montrerez si, à côté des connaissances positives que fournit l'école, il n'y aurait pas lieu de faire une large part à l'imagination dans l'éducation de l'enfant. Vous indiquerez quelle doit être cette place.
III. La dictée à l'école primaire. — Vous indiquerez comment comprenez la dictée et quel parti vous pensez pouvoir en tirer dans les trois cours d'une école primaire.
IV. Quel est le système de récompenses et de punitions que vous avez adopté dans votre classe? Expliquez les motifs qui vous ont déterminé.
V. Est-il nécessaire que les parents s'occupent de la conduite et des travaux de leurs enfants? Comment un instituteur peut-il les y intéresser?
VI. Comment comprenez-vous les fonctions de bibliothécaire? Quel parti pensez-vous tirer de la bibliothèque scolaire pour l'éducation des enfants, l'élévation du niveau intellectuel et moral et le progrès matériel dans la commune que vous habitez? Quels moyens avez-vous employés ou vous proposez-vous d'employer pour agir en ce sens?
VII. Vous avez choisi un morceau de récitation pour vos plus grands élèves; avant de leur apprendre par cœur, vous donnez toutes les explications nécessaires par la parfaite intelligence de ce passage.
VIII. Vous êtes institutrice dans une commune rurale et vous avez voulu organiser d'une façon sérieuse les travaux de couture; mais vous avez rencontré des difficultés de plus d'une sorte. Écrivez à une de vos amies, institutrice comme vous: exposez-lui les difficultés; dites-lui comment vous en avez triomphé, et finalement comment cet enseignement est maintenant organisé dans votre école.
IX. Quel parti tire-t-on des images dans l'enseignement primaire?
X. De l'usage et de l'abus des exercices de mémoire.
XI. L'amour de la patrie. — Vous indiquerez comment un instituteur peut développer l'amour de la patrie dans le cœur de ses élèves; vous montrerez la part des divers enseignements dans la culture de ce sentiment.
XII. Choix des devoirs. Vous ferez ressortir l'importance du choix des devoirs écrits donnés aux élèves. Vous indiquerez à grands traits, pour les principaux enseignements, les règles que vous suivez dans ce choix.
XIII. Les jeux et les promenades scolaires. — Vous montrerez la part que l'on doit leur faire à l'école primaire en insistant sur la nécessité des jeux et l'utilité des promenades.
XIV. Le certificat d'études primaires. — Vous exposerez librement ce que vous pensez du certificat d'études; vous indiquerez le bien et le

mal qui peuvent résulter de cette institution pour les enfants et pour le maître.
XV. Le tableau de l'emploi du temps dans une école à un seul maître. Son importance. Prescriptions réglementaires sur ce sujet. Principes sur lesquels il faut s'appuyer pour organiser un bon emploi du temps.
XVI. La pédanterie. — Causes de ce travers chez un certain nombre d'instituteurs; ses conséquences; défaut contraire.
XVII. Les leçons communes aux élèves de plusieurs cours. Leurs avantages et leurs inconvénients. Indiquer, dans l'application des nouveaux programmes, quelles leçons peuvent être communes.
XVIII. Qu'entendez-vous par enseignement par l'aspect? Emploi de ce procédé dans les différentes matières du programme. Auxiliaires de l'instituteur dans l'enseignement par l'aspect.
XIX. Vous exposerez un plan de l'enseignement de la géographie au cours élémentaire de l'école primaire. Vous indiquerez les différents procédés à employer.
XX. Quel profit est-il possible de tirer de la lecture expliquée aux cours moyens et supérieur pour l'enseignement des autres matières du programme? Indiquer quelle marche il faut suivre pour obtenir des résultats, et quelles conditions doit remplir un livre de lecture destiné aux élèves du cours moyen.
XXI. La composition française à l'école primaire. — Caractère et importance de cet enseignement. Marche à suivre dans chacun des trois cours. Principaux exercices.
XXII. L'enseignement oral et l'enseignement par le livre. — Efficacité comparée de ces deux procédés. Comment ils peuvent se compléter l'un l'autre. Les étudier dans les principales matières enseignées au cours moyen d'une école primaire.
XXIII. De la nécessité, de l'usage et de l'abus des exercices écrits.
XXIV. Qu'entend-on par autorité d'une personne sur d'autres personnes? A quelles conditions un maître acquiert-il de l'autorité sur ses élèves, et dans quel cas perd-il de cette autorité?
XXV. La conscience morale. — Comment on la développe chez les enfants. Part du maître dans ce développement.
XXVI. Qu'entend-on par sentiment et amour du vrai? — Comment développerez-vous ces sentiments chez les enfants.
XXVII. Utilité de l'histoire pour les élèves des écoles primaires. — Comment cet enseignement est-il donné dans les trois cours?
XXVIII. Quel rapport y a-t-il entre la vertu et le bonheur? — Comment pourriez-vous faire comprendre ce rapport aux enfants?
XXIX. Comment comprenez-vous les rapports d'un instituteur avec ses adjoints? Services qu'il peut leur rendre, direction qu'il doit leur donner, etc.
XXX. Vous montrerez combien il est utile pour l'instituteur de connaître la nature de l'enfant et le caractère particulier de chacun de ses élèves; vous indiquerez comment il pourra acquérir cette connaissance.
XXXI. L'habitude. — Causes de l'habitude. Son influence sur nos facultés. Son importance dans l'éducation.
XXXIII. L'analyse grammaticale et l'analyse logique. Utilité de ces deux exercices; différence et analogie. Mesure à garder dans l'emploi de ces exercices.
XXXIV. Tracer le portrait d'une jeune personne élevée conformément aux conseils donnés par Fénelon dans le *Traité de l'éducation des filles.*
XXXV. Quelles doivent être vous, les qualités de langage de l'instituteur s'adressant à ses élèves?
XXXVI. Les cartes à l'école primaire. — Indiquer leur utilité générale et les différents moyens d'en tirer profit pour l'enseignement de la géographie et de l'histoire.
XXXIX. Dans quelle mesure et par quels moyens le travail des enfants dans l'école peut-il et doit-il être rendu attrayant?
XL. Quels sont les mobiles sur lesquels vous comptez particulièrement pour porter vos élèves à bien travailler et à se bien conduire?
XLI. Vous indiquerez le but que l'on doit se proposer et la mesure que l'on doit garder dans l'enseignement des éléments usuels des sciences physiques et naturelles à l'école primaire.
XLIV. Lettre d'une institutrice à une de ses amies, institutrice comme elle. Elle lui rend compte d'observations dont le résultat a été qu'il n'est pas bon que les enfants s'entendent reprocher leurs défauts.

Résumé.
XLV. Caractériser l'objet propre de l'enseignement primaire et la marche générale à suivre dans cet enseignement.

Appendice.

VIENT DE PARAITRE
La 4° édition du **Recueil de Compositions françaises,** **Nᵒ 6** (*Sujets traités et sujets à développer*), précédé de conseils, à l'usage des Aspirants et Aspirantes au *Brevet supérieur,* édition *entièrement refondue et conforme aux programmes officiels,* par M. **A. BADRÉ.** 1 volume in-12, broché. . . . . 2 fr. cartonné . . . . **2 fr. 30**

NOTA. — Le succès de cet ouvrage a dépassé de beaucoup nos espérances, cela tient, nous n'en doutons pas, à l'importance des sujets qu'il y a développés.

Paris. - J. Mersch, imp. 22 Pl. Denfert-Rochereau.